"Este libro hace eco d_
para comunicar las b_
identidad de género. Es un libro centrado, prudente, persuasivo y práctico".
RUSSELL MOORE, presidente de la Comisión de Ética y Libertad
Religiosa de los Bautistas del Sur; autor de *Onward*.

"He estado esperando un recurso que me brinde un análisis claro, pacífico y
centrado en el evangelio sobre el tema de la disforia de género, y finalmente
lo he encontrado. Este recurso será increíblemente útil para ayudar al cuerpo
de Cristo a ser luz en la situación cultural de hoy".
JACKIE HILL PERRY, escritora y artista

"Andrew T. Walker es una de las jóvenes promesas de la iglesia evangélica.
Aquí, ayuda a la iglesia a entender y responder con compasión a los retos
actuales sobre la identidad de género".
RYAN T. ANDERSON, principal miembro investigador, Heritage Foundation

"El debate transgénero es uno que despierta fácilmente pasiones en ambos
'lados'. Con la claridad del evangelio y la compasión de Cristo, Andrew Walker
transita hábilmente un camino entre la falacia y la crueldad. De ese modo, nos
ayuda a ver por qué el evangelio de Jesucristo es una buena noticia para los
transgéneros. Recomiendo ampliamente esta presentación clara y cuidadosa
de uno de los temas más polémicos de nuestro tiempo".
ROB SMITH, profesor de ética, Sydney Missionary & Bible College

"Andrew Walker trata con inteligencia y un corazón pastoral un problema
complejo y a menudo doloroso. El resultado es un recurso sumamente útil
para la iglesia de hoy, lleno de sabiduría, gracia y verdad, que me complace
recomendar".
SAM ALLBERRY, orador, Ministerio Internacional de Ravi Zacharias

"El occidente poscristiano dice que somos lo que pensamos que somos, no lo
que nuestro cuerpo nos revela que somos, y este es uno de los principales retos
para el cristianismo de hoy. Por eso es tan importante *Dios y el debate transgénero*. Es un libro contracultural y compasivo, que nadie puede dejar de leer".
DENNY BURK, presidente, Council for Biblical Manhood and Womanhood

"Este es exactamente el libro que he estado esperando y por el que he estado
orando que alguien escribiera. Andrew T. Walker aporta claridad bíblica a un
campo minado de complejidad y controversia. Y marca un camino claro para
ayudar a los líderes cristianos y a todos los creyentes a atravesar un terreno
complicado con gracia, delicadeza y genuino amor por las personas transgénero".
JONATHAN BERRY, director de True Freedom Trust

"Walker ha hecho lo que muchos no pudieron hacer. No solo le ha dado a la iglesia una herramienta para una mayor comprensión de este tema, sino que también lo ha hecho con gracia, convicción, meticulosidad en el estudio y la reflexión, y un profundo amor por los demás. Este no es solo un libro oportuno; es un recurso intemporal para cualquiera que desee servir y amar a su prójimo como a sí mismo".

TRILLIA NEWBELL, autora de *Enjoy* y *Fear and Faith*

"¿Qué deberían pensar y decir los cristianos sobre aquellos que sienten que su género no corresponde a su sexo biológico? ¿Deberíamos aceptarlo o consentirlo en silencio? Andrew Walker responde debidamente que no, pero lo hace de una manera compasiva con el reconocimiento de las luchas psicológicas y el sufrimiento de los individuos que experimentan una enajenación de como Dios los hizo".

ROBERT P. GEORGE, profesor de la cátedra McCormick de Jurisprudencia, Universidad de Princeton

"Los cristianos deben comenzar a pensar y hablar bíblicamente, en verdad y amor, sobre este tema. Andrew Walker aporta una firme base sobre la cual la iglesia puede empezar a hacer frente a este cambio cultural".

KAREN SWALLOW PRIOR, autora de *Fierce Convictions: The Extraordinary Life of Hannah More: Poet, Reformer, Abolitionist*

"Este libro combina un amplio abanico de cualidades. Aborda un problema contemporáneo; se caracteriza por su humanidad y compasión; respeta la Biblia; es franco y claro; está lleno de amor cristiano; es útil y práctico; y coloca el debate en el contexto de la visión general de la Biblia. Es el modelo para un diálogo abierto y sensible de muchos temas contemporáneos".

PETER ADAM, director retirado, Universidad Ridley, Melbourne, Australia

"Este es un libro sumamente importante, no solo por el tratamiento práctico que Andrew Walker hace sobre el complicado y confuso tema del transgenerismo, sino también por la sinceridad y la compasión con que lo trata. Este es un libro sobre cómo amar a la persona que experimenta disforia de género con la gracia plena y la verdad gloriosa del evangelio mismo. Es un libro único y muy práctico. Sin duda, un material que nadie puede dejar de leer".

GLENN T. STANTON, director de estudios para la formación familiar, Enfoque a la Familia

"Estoy muy contento de que se haya publicado este excelente libro. Solo por su profundidad bíblica y su sensibilidad vale la pena adquirirlo. Los capítulos finales son especialmente importantes con respecto al papel de la iglesia, el efecto en los niños y las difíciles preguntas que este tema genera".

COLIN BENNETT, subdirector de la Universidad Moorlands, Hampshire, Reino Unido

"Las preguntas sobre identidad de género se encuentran entre las más radicales de nuestros días, y la iglesia no está preparada para responderlas. Andrew T. Walker reflexiona profundamente sobre este tema y ofrece una guía invaluable para los fieles cristianos que enfrentan la polémica y la confusión de este debate".

ROD DREHER, autor de *The Benedict Option*

"La Biblia nos exhorta a amar a nuestro prójimo y a comportarnos con los demás como queremos que se comporten con nosotros. ¿Cómo podemos los cristianos amar a nuestro prójimo transgénero con compasión, sin comprometer nuestra fe? Andrew Walker nos muestra la manera correcta".

ERICK ERICKSON, editor de *The Resurgent*

"La compasiva aplicación que hace Andrew Walker de la Palabra de Dios a nuestras vidas confusas hoy debería hacer de este libro uno de los primeros recursos de la gracia y la verdad de Cristo para poder amar a todos nuestros semejantes como a nosotros mismos".

ED SHAW, autor de *The Plausibility Problem*; cofundador de livingout.org

"Este libro pone la mano del que sufre en las manos del Salvador y, por lo tanto, este es el libro que pondré en manos de los padres que luchan por saber qué dice la Palabra de Dios con respecto a amar a un hijo con problemas de identidad de género. Además de su tierno cuidado pastoral y guía bíblica familiar, este libro revela cómo discernir los tiempos y responder con esperanza cristiana".

ROSARIA BUTTERFIELD, autora de *Openness Unhindered*

"Andrew T. Walker no ha escrito un libro sobre debates, sino sobre personas. Es claro y explica el tema de una manera que nos ayudará a todos".

PETER BARNES, editor de *AP Magazine*, Australia

"Andrew Walker ofrece la claridad, la compasión y la sabiduría práctica que tanto necesitamos para una de las preguntas más difíciles de nuestros días. A lo largo del libro, demuestra no solo que no necesitamos elegir entre la verdad y el amor, como a menudo escuchamos; sino que no podemos hacerlo, especialmente con respecto a estos problemas de la identidad humana. Este es un libro de suma importancia".

JOHN STONESTREET, presidente de Colson Center for Christian Worldview

"Una de las promesas jóvenes más brillantes del evangelicalismo nos ayuda a entender que el evangelio puede ser una buena noticia, y que la iglesia puede ser una comunidad fiel, para alguien que experimenta disforia de género. Si estás buscando un recurso completo para responder bíblicamente a las preguntas sobre transgénero y fluidez de género, no busques más".

BRUCE RILEY ASHFORD, rector y profesor de teología y cultura, Southeastern Baptist Theological Seminary; autor de *Every Square Inch*

"Temas como este requieren una mezcla de compasión y claridad, y Andrew Walker escribe con ambas cualidades. Esta es una introducción muy útil a un tema complejo, controvertido y muchas veces doloroso".

ANDREW WILSON, pastor-maestro, King's Church London; autor de *The Life We Never Expected*

"El breve libro de Andrew Walker trata con éxito los problemas emocionales que rodean este difícil tema, y ofrece una lección amable y clara sobre cómo responder con amor y sabiduría piadosa. Este libro nos ayudará a todos a ser compasivos y dar buenos consejos".

SIMON MANCHESTER, pastor principal, St. Thomas North Sydney

"Necesitamos una medida adicional de sabiduría y de compasión para interactuar con aquellos que tienen problemas de identidad de género. Andrew Walker demuestra la clase de sabiduría y compasión que necesitaremos en los tiempos que se avecinan".

TREVIN WAX, autor de *This Is Our Time*

"Este no es solo un recurso, sino también un reto para la iglesia: un reto para ser una comunidad con compasión, convicción y cortesía donde aquellos que sufren de disforia de género encuentren esperanza en el evangelio, gracia en las promesas de Dios y compañeros voluntarios para el difícil viaje de regreso al hogar".

DARREN MIDDLETON, coordinador, PCV Church y Nation Committee, Australia

"Andrew Walker escribe sobre un tema difícil con valentía y compasión. Este es el libro que todo cristiano debe leer para hacer a un lado las voces políticamente correctas y llegar al corazón de uno de los temas más polémicos de nuestro tiempo".

DAVID FRANCES, miembro principal, National Review Institute

"Andrew Walker nos ofrece un recurso muy necesario para entender las preguntas sobre los problemas transgénero. Con claridad y delicadeza, nos llama a volver a una visión bíblica de la humanidad, la creación y el género, y nos invita a ver la fidelidad a esa visión como la forma más amorosa de comprometernos con un mundo confundido".

MIKE COSPER, fundador de Harbor Media; autor de *The Stories We Tell*

Andrew T. Walker

DIOS

y el

DEBATE

TRANSGÉNERO

¿Qué dice realmente la Biblia
sobre la identidad de género?

EDITORIAL
PORTAVOZ

La misión de *Editorial Portavoz* consiste en proporcionar productos de calidad —con integridad y excelencia—, desde una perspectiva bíblica y confiable, que animen a las personas a conocer y servir a Jesucristo.

A Matt y Carey Murphy,
que han enseñado a mi familia y a su comunidad
lo que significa seguir a Cristo con gozo en cuerpos corrompidos
en medio de una creación corrompida.

Título del original: *God and the Transgender Debate: What Does the Bible Actually Say About Gender Identity,* © 2017 por Andrew Walker y publicado por The Good Book Company. Traducido con permiso.

Edición en castellano: *Dios y el debate transgénero,* © 2018 por Editorial Portavoz, filial de Kregel Inc., Grand Rapids, Michigan 49505. Todos los derechos reservados.

Traducción: Rosa Pugliese

EDITORIAL PORTAVOZ
2450 Oak Industrial Drive NE
Grand Rapids, Michigan 49505 USA
Visítenos en: www.portavoz.com

ISBN 978-0-8254-5814-9 (rústica)
ISBN 978-0-8254-6733-2 (Kindle)
ISBN 978-0-8254-7554-2 (epub)

1 2 3 4 5 edición / año 27 26 25 24 23 22 21 20 19 18

Impreso en los Estados Unidos de América
Printed in the United States of America

CONTENIDO

PRÓLOGO

Dr. R. Albert Mohler, Jr.

La iglesia cristiana en occidente enfrenta ahora una serie de retos que excede cualquier cosa que haya experimentado en el pasado. La revolución sexual está reestructurando fundamentalmente la comprensión colectiva de nuestra cultura de la familia, la sociedad y el significado mismo de la vida. Estos retos serían suficientemente irritantes para cualquier generación. Sin embargo, las características de nuestro reto actual deben entenderse como parte de un proyecto más amplio que está afectando cada milímetro de la sociedad. Esta revolución, como todas las revoluciones, toma pocos prisioneros. En otras palabras, exige la aceptación total de sus reclamos revolucionarios y la afirmación de sus objetivos. Este es el problema que ahora enfrentan los cristianos que están comprometidos con una fidelidad inquebrantable a la Biblia como la Palabra de Dios, y al evangelio como el único mensaje de salvación.

La crisis que esta revolución representa para la iglesia de Jesucristo es equivalente al tipo de retos teológicos planteados por las controversias trinitarias y cristológicas de la iglesia primitiva, la controversia pelagiana que enfrentó Agustín, o incluso los desafíos teológicos que enfrentan los reformadores mismos. En cada una de estas controversias, la verdadera Iglesia entendió que no podía aceptar ninguna convicción teológica que pudiera socavar las verdades centrales del evangelio. Incluso frente a la dura oposición cultural y política, la Iglesia fiel siempre ha reconocido su llamado a aferrarse a la fe que fue entregada una vez a los santos (Judas 1:3).

Incluso más que el movimiento para la normalización de la homosexualidad, la revolución transgénero desafía las estructuras más básicas de la sociedad. El transgenerismo no está de acuerdo con los miles de años de consenso sobre el género y la identidad humana que comparten casi todas las culturas, incluidas las que no están influenciadas por la moralidad cristiana. Ahora, por ejemplo, algunos centros preescolares en Europa prohíben el uso de pronombres genéricos para erradicar términos como "niña" y "niño" del idioma de las escuelas. Este ejemplo es uno entre muchos que demuestran por qué la revolución transgénero suscita preguntas que no podemos evitar.

Además, la revolución transgénero representa uno de los retos pastorales más difíciles que enfrentarán las iglesias en esta generación. Así como las iglesias incluyen a muchas personas que luchan con la atracción hacia el mismo sexo, las iglesias ministrarán a hombres y mujeres que luchan contra la confusión de género. Este tipo de confusión concierne al núcleo mismo de nuestro ser, y no puede desplazarse a la periferia de nuestra conciencia. Nuestra identidad de género es fundamental para nuestro autoconocimiento. Una respuesta bíblica a la revolución transgénero requerirá que la iglesia desarrolle nuevas habilidades de compasión y entendimiento a medida que nos encontramos con personas que están luchando, tanto dentro como fuera de nuestras congregaciones.

Las conjeturas ideológicas que impulsan la revolución transgénero ni siquiera existían hasta hace muy poco. Esta revolución requirió ciertos cambios epistemológicos y morales para que surgiera como legítima. El transgenerismo nace del cuestionamiento de la sociedad occidental a la institución del matrimonio y del proyecto de los revolucionarios sociales para redefinir la sexualidad y normalizar las relaciones entre personas del mismo sexo. Estos cambios deconstruyeron las normas sociales objetivas y, en cambio, propugnaron una "construcción social" de la realidad.

La razón por la cual los cristianos debemos confrontar la revolución transgénero y por qué debemos predicar fielmente el evangelio a las personas transgénero es porque amamos a Dios y amamos a nuestro prójimo. La revolución sexual es un experimento fallido: uno que solo dará como resultado una tragedia personal y un caos cultural. La iglesia debería ser un lugar de refugio para las víctimas de la revolución sexual. Debemos llevar a otros a la redención y la sanidad que se encuentran en el evangelio de Cristo. Debemos ser personas que pensemos en el evangelio mientras esperamos la redención de todas las cosas, incluyendo el género y la sexualidad, y el cumplimiento de todas las promesas de Dios en Cristo Jesús.

Este libro es el tipo de recurso que la iglesia necesita en estos tiempos difíciles. Teológicamente cuidadoso y lleno de sabiduría pastoral, Andrew no solo revela la historia y la ideología de la revolución transgénero, sino que también nos muestra cómo responder fielmente a los retos que esta plantea al evangelio de Jesucristo. Este libro debería estar en manos de pastores, líderes laicos y miembros de iglesias de todas partes.

La revolución sexual plantea desafíos que simplemente no van a desaparecer. La iglesia debe estar lista para enfrentar estos desafíos con fidelidad bíblica y la compasión de Cristo. La iglesia debe avanzar, con la confianza de que las Escrituras son suficientemente claras y tienen el poder de transformar vidas destruidas. Debemos recordar que las Escrituras dan al pueblo de Dios una cosmovisión global que nos capacita para luchar incluso contra los dilemas éticos más polémicos de nuestro tiempo. Finalmente, debemos aferrarnos al evangelio, con la certeza de que es el único remedio verdadero para todos nuestros problemas y nuestras luchas, y la única respuesta segura para todas nuestras preguntas y dudas.

Dr. R. Albert Mohler, Jr.

Presidente, Southern Baptist Theological Seminary,
Louisville, EE. UU.

1

ÉL TUVO COMPASIÓN

Jesús debatía sobre los problemas; pero más que eso, amaba a la gente. Todo tipo de personas se le acercaba para hablar con Él cuando estuvo en la tierra. Los infiltrados religiosos. Los socialmente marginados. Los discapacitados. Los indeseables. Los ricos, los pobres, los jóvenes, los viejos. Algunos a quienes otros les habían arruinado la vida, y otros que se habían arruinado la vida ellos mismos.

Y Jesús amaba a todos, hacía tiempo para todos y respetaba a todos. No siempre estaba de acuerdo con ellos (y Él, más que nadie, no estaba de acuerdo con los infiltrados religiosos). Sin embargo, siempre los amó, especialmente a los que iban a Él con su sufrimiento. En una hermosa frase tomada del profeta Isaías y aplicada a sí mismo, Jesús describió su actitud hacia ellos:

La caña cascada no quebrará, y el pábilo que humea no apagará (Mateo 12:20).

La metáfora visual que Jesús emplea es importante para recordar y bella de ver. Jesús no permitirá que personas frágiles se desmoronen o caigan bajo el peso de sus luchas. Jesús quiere tomar a aquellos que sienten que están a punto de apagarse y devolverles el brillo y el calor. Jesús es dulce y tierno con aquellos que piensan que no pueden seguir adelante.

Jesús comparó la vida con Él con hallar "descanso" e invitó a los agobiados a venir y disfrutarla:

Venid a mí todos los que estáis trabajados y cargados, y yo os haré descansar. Llevad mi yugo sobre vosotros, y aprended de mí, que soy manso y humilde de corazón; y hallaréis descanso para vuestras almas; porque mi yugo es fácil, y ligera mi carga (Mateo 11:28-30).

De modo que si estás leyendo esto y sientes que estás por llegar al límite de tus fuerzas; si sientes que tu llama es muy, muy tenue o que estás demasiado quebrado para mantenerte de pie, o bien conoces a alguien que está en esa situación, Jesús dice: *Entiendo y veo lo que te está pasando. Te amo y quiero ayudarte. Tal vez no siempre esté de acuerdo contigo, pero es porque quiero lo mejor para ti. He venido para fortalecerte, no para quebrarte. No apago los pábilos que humean. Quiero avivar esa llama.*

Jesús amaba a las personas. Es importante para mí recordar eso al escribir un libro que contiene la palabra "debate" en su título. Y es bueno que tú lo recuerdes al leer un libro que contiene la palabra "transgénero" en su título. Porque en el fondo, este debate no tiene que ver con un debate, sino con personas: personas valiosas hechas a la imagen de Dios que están sufriendo, están confundidas, están enojadas, tienen miedo, a quienes sus familias les han dicho que no son bienvenidas. Tiene que ver con algunas personas que están contentas con el cambio cultural en referencia a la identidad de género, y otras personas que están preocupadas por ese mismo cambio cultural.

¿Qué haría Jesús? Nos escucharía y nos amaría, y si no estuviera de acuerdo con nosotros, sería siempre y solo por compasión, nunca por opresión. No se burlaría, ni rechazaría, ni insultaría ni despreciaría a ninguna persona herida. Está tan decidido a buscar lo mejor para todos que murió —despreciado, burlado y rechazado— por nuestro bien.

Si este no es el Jesús del que has oído hablar, entonces lo siento. Es el Jesús con y para quien busco vivir. Y es el Jesús cuyas palabras encontrarás en este libro mientras examinamos detenidamente lo que la Biblia realmente dice sobre la identidad de género, y lo que eso significa para las personas que experimentan incertidumbre o luchan con su identidad de género; para aquellos que aman a quienes experimentan esas luchas; y para las iglesias que están (o deberían estar) buscando apoyar a aquellos que experimentan conflictos de identidad de género.

¿POR QUÉ ESTE LIBRO?

Decidí escribir este libro porque hay una revolución en la cultura occidental que está destruyendo nuestras tradiciones y conjeturas con respecto a lo que significa ser un hombre o una mujer.

Esta revolución está cambiando normas de siglos de antigüedad. Y hay algo bueno que puede derivarse de eso. Es bueno, por ejemplo, que las personas que sienten angustia por su identidad de género puedan hablar de manera más abierta y sincera sobre sus luchas y sentimientos sin que toda la sociedad piense que son un fenómeno. La sociedad ahora intenta ayudar a aquellos que experimentan dudas y dificultades con su identidad de género, en lugar de marginarlos.

Esa revolución viene acompañada de un debate: un debate sobre lo que significa, si cabe, ser un hombre o una mujer. En este debate, hay varias voces. Algunas son fuertes; muchas son reservadas. Algunas son injustas y estridentes, desde varias perspectivas. Otras son medidas y amables, desde varias posiciones. Algunas están bien representadas en los medios, y otras luchan por hacerse escuchar. Creo que es importante oír la voz de Dios en este debate. De eso se trata este libro. No es un estudio médico o psicológico, ni tampoco es un análisis estadístico o un manifiesto político. Su objetivo es, lo más claramente posible, que la voz de Dios se escuche.

Este es un libro para personas ocupadas y reflexivas que quieren considerar lo que dice la Biblia sobre el transgenerismo, cómo se aplica a las situaciones que quizás enfrentarán y, posiblemente, lo que eso significa para las luchas que ellos o sus seres queridos están experimentando en este momento. Estoy escribiendo para ti si quieres aprender más y mostrar más amor, y estás dispuesto a considerar lo que Dios dice sobre el sexo y el género en su Palabra.

La única conjetura que hace este libro, y una que te pediría que aceptes si aún no lo has hecho, es que la Biblia es la Palabra de Dios. Tal vez aceptes esa verdad; tal vez no; pero vale la pena consultar cada recurso disponible para ver qué orientación tiene para un tema tan difícil, doloroso y emotivo. Entonces, el único favor que te pido es que leas este libro y lo consideres en su totalidad. Este es un tema difícil, para nada simple. Cada capítulo es, en muchos sentidos, dependiente de otros capítulos, y ninguno por sí solo dice todo lo que creo que se debe decir.

Esto es lo que haremos. Comenzaremos con tres breves capítulos introductorios, para obtener una idea de cómo hemos llegado a donde estamos como cultura, qué significa ser transgénero y por qué y cómo las personas adoptan posiciones tan diferentes en este debate.

En los capítulos 5 a 7 examinaremos lo que dice la Biblia sobre la naturaleza humana y, por lo tanto, sobre el género.

En los capítulos 8 a 11 veremos la aplicación práctica en la vida real de personas comunes y corrientes:

- Qué significa esto para aquellos que desean amar a su prójimo transgénero.
- Qué dice Jesús a aquellos que experimentan disforia de género o que se identifican como transgénero.
- Cómo reta Jesús a las iglesias locales a mostrar compasión a cada persona que asiste a sus reuniones, sin importar quiénes son y qué piensan, sin dejar de tomar en serio la verdad de la Palabra de Dios.
- Cómo pueden los padres hablar con sus hijos sobre la identidad de género.

Al final, hay un capítulo de respuestas a preguntas importantes que no se trataron en capítulos previos.

Hay una razón más que me impulsó a escribir este libro: me encantaría que la iglesia deje de estar todo el tiempo tratando de ponerse al ritmo de la cultura. No deberíamos permitir que la iglesia siempre aborde un problema después que la cultura en general lo hizo primero. Por ejemplo, los cristianos se quedaron atrás en mostrar una respuesta compasiva, llena de gracia y verdad, frente a la homosexualidad. Algunos se olvidaron de la verdad. La mayoría se olvidó de la gracia.

Oro para que esto no vuelva a suceder en referencia a la identidad de género. A la hora de decir la verdad, mostrar compasión y buscar justicia, la iglesia debería ir al frente, no detrás. Espero que este libro sea una contribución a tal causa.

Este libro no pretende ser la última palabra sobre el tema ni la última palabra en este debate. No satisfará todas las objeciones ni responderá a todas las preguntas. Es un comienzo, no un final.

En el Evangelio de Mateo, leemos de Jesús que...

... al ver las multitudes, tuvo compasión de ellas; porque estaban desamparadas y dispersas como ovejas que no tienen pastor (9:36).

Con Jesús como mi ejemplo y mi guía, espero mostrar en este libro el camino de la compasión; un camino diferente y, creo, que ofrece más esperanza que muchas de las otras voces en este debate. Espero que sea útil para ti, incluso cuando sea provocativo. Mi mayor oración, ante todo, es que, si lo que lees es difícil de escuchar, recuerdes que el Dios que te habla en la Biblia es el mismo que te ama tanto que vino, vivió e incluso murió para fortalecer las cañas cascadas y encender los pábilos que humean.

2

CÓMO LLEGAMOS
A ESTAR ASÍ

Quizás recuerdes el momento cuando escuchaste por primera vez que Bruce Jenner ya no quería ser Bruce. Fue en 2015 cuando la periodista Diane Sawyer entrevistó a Jenner —un campeón olímpico, héroe estadounidense y padrastro de las famosas Kardashian— para que hablara sobre su experiencia como un hombre que había vivido durante mucho tiempo con un profundo secreto. Toda su vida, aunque venerado como un ejemplo de atletismo y masculinidad, Bruce Jenner había creído que realmente era una mujer y se definía a sí mismo como transgénero.

Si viste la entrevista, habrás observado a alguien profundamente herido, dolido e incapaz de encontrar paz; alguien que aún busca aceptarse a sí mismo a pesar de la riqueza y la fama que posee. Compungido por alguien que nunca había conocido, me conmovió profundamente ver la dolorosa entrevista en la que Jenner desnudó su alma.

Algunos meses después, Bruce Jenner hizo una aparición sorpresa en la portada de la revista *Vanity Fair*. Vestido con lencería y posando provocativamente en un taburete de bar, con las manos detrás de su espalda, Jenner imitaba la acentuada feminidad y el exagerado atractivo sexual que estamos acostumbrados a ver en las portadas de las revistas que se exhiben en las cajas registradoras de los supermercados. La portada fue un acto de revelación de sí mismo, ya que la aparición de Jenner marcaba una transición a identificarse plenamente y vivir como una mujer. "Llámenme Caitlyn", anunciaba la portada. La imagen ahora es mundialmente famosa.

Así nació una súper celebridad y un ícono de la cultura: Caitlyn Jenner. El mensaje al mundo fue claro: los hombres pueden convertirse en mujeres si se sienten o se consideran mujeres, y viceversa.

Los medios de comunicación querían saber más sobre la transformación de Jenner. Rápidamente, se divulgaron noticias de que Jenner protagonizaría un *reality show* en la TV, que documentaría su histórica transformación. La nueva cuenta de Twitter de Jenner bajo tal identidad batió récords de rapidez en ganar millones de nuevos seguidores.

Parece que esta cuestión de ser "transgénero" se ha catapultado al frente de la cultura a un ritmo vertiginosamente rápido. Transgénero había sido un tema que apenas registraba el radar de la mayoría de las personas. Ahora, y de manera bastante repentina, la identidad de género se convirtió en el tema de justicia social más en boga de nuestros días.

PREGUNTAS QUE NECESITAN RESPUESTAS

El año 2015 parece que pasó hace mucho tiempo. Hoy, Facebook ofrece más de cincuenta opciones de género a sus miembros. Los debates sobre el uso de los baños son un tema candente en las redes sociales. Estados como Nueva York están imponiendo multas a ciudadanos que no usan el pronombre preferido de los ciudadanos transgénero.[1] Y todo está sucediendo rápidamente; tan rápido que es difícil ponernos al día, y mucho menos entender el debate, cómo llegamos hasta aquí y qué quisiéramos decir. Sin embargo, todos nosotros necesitamos una respuesta a preguntas tales como:

- ¿Puede un hombre convertirse en una mujer? ¿Puede una mujer convertirse en un hombre?
- ¿Cómo y cuándo se debe confrontar a los niños con los debates sobre género?
- ¿Qué debemos hacer con los niños que son miembros de un solo sexo biológico, pero sienten que nacieron en el cuerpo equivocado?
- ¿Qué le decimos a alguien que experimenta estos sentimientos y deseos?
- ¿Cómo amamos y ayudamos a aquellos que están sufriendo intensamente?

Estas preguntas van más allá de lo que entendemos por "género". Abarcan lo que entendemos por "humanidad": quiénes somos, cómo llegamos hasta aquí, qué significa ser humano y qué rol (si lo hay) desempeña Dios en eso. Detrás de las noticias y detrás de las preguntas con las que muchos están luchando personalmente, están las preguntas sobre qué historia viviremos; cómo daremos sentido a nuestra vida y qué nos dará nuestra identidad y nuestra confianza.

Veremos todo eso más adelante, pero primero debemos preguntar: ¿cómo llegamos hasta aquí? La tentación es contestar

---

1. Ver http://www.washingtonpost.com/news/volokh-conspiracy/wp/2016/05/17/
   you-can-be-fined-for-not-calling-people-ze-or-hir-if-thats-the-pronoun-they
   -demand-that-you-use/?utm_term=.3928798cd12d.

esta pregunta con una respuesta simple. Sin embargo, no hay respuestas simples. Muchos factores nos han llevado a estar donde hoy estamos. Muchas corrientes convergen en el debate transgénero.

EL RELATIVISMO

El relativismo es el planteamiento de la verdad que sostenemos todos los que pertenecemos al mundo occidental, tal vez sin darnos cuenta. El relativismo afirma que el significado y la verdad son relativos, de modo que lo correcto para una persona puede ser incorrecto para otra. Tal vez hayas escuchado a alguien decir o tú mismo hayas pensado: "No puedes decirme qué hacer", o "no existe la verdad absoluta" o "eso es genial para ti, pero no para mí". Tales dichos son ejemplos de cómo el relativismo influye hoy en nuestros pensamientos.

El relativismo niega que haya una manera "correcta" de entender el mundo. Solo hay historias, no una magna historia. Entonces, hay islam, cristianismo y judaísmo, y muchas otras religiones, y ninguna es verdadera en todo tiempo, en todo lugar y para todas las personas. Una religión no es más que un modelo de cómo alguien decide vivir su vida y no es autoritaria para todos. Cualquier intento de afirmar que lo es no es más que un ardid para ganar poder sobre otra persona.

EL POSCRISTIANISMO

Según casi todos los informes y estadísticas, el cristianismo se encuentra en declive en occidente. Es difícil medir el declive, pero en su mayor parte, la influencia cultural del cristianismo se está extinguiendo. Esto significa que las verdades morales que el cristianismo enseña tienen cada vez menos influencia con cada año y generación que pasa. Menos personas asisten a la iglesia, lo que significa que la devoción que la gente sintió una vez por el cristianismo parece estar en retroceso. El creciente analfabetismo bíblico significa que las personas están cada vez menos familiarizadas con la narrativa bíblica y las partes de la Biblia que muchos en occidente simplemente dan por descontado. Con tal influencia declinante, surge una mayor oportunidad para que diferentes valores o sistemas éticos desplacen la moralidad cristiana como la norma ampliamente aceptada.

Lo que hagas con este rápido cambio depende de lo que pienses del cristianismo; pero nadie discute que este cambio se siente especialmente en los asuntos relacionados con la ética sexual. Durante la última generación ha habido una creciente aceptación de las relaciones entre homosexuales y lesbianas, una disminución en las tasas de matrimonio y un aumento en las tasas de divorcio, y más personas viven juntas antes (o en vez) de casarse. Todos estos cambios sociales solo pueden tener lugar en un contexto donde la forma cristiana de entender el mundo se considera opcional, irrelevante o (como ocurre cada vez más) odiosa e intolerante.

Es imposible para cualquier sociedad no tener alguna forma de moralidad; entonces la pregunta es: ¿qué moralidad va a imperar? El paso de un marco moral significa que otro debe tomar lugar, y todas las evidencias sugieren que un marco secular es el candidato más probable. Así como la moralidad cristiana se defendió y se enseñó en una sociedad cristianizada, lo mismo sucede con el marco secular en una sociedad secular, lo que hace probable que los cristianos bíblicos estén del lado equivocado de una cultura secular.

El lugar donde vives podría no parecer poscristiano. Estados Unidos, por ejemplo, tiene un gran número de cristianos. Sin embargo, los sectores más influyentes de la cultura

estadounidense —las instituciones académicas, los medios
de comunicación, la industria del entretenimiento, el arte,
el derecho— ya no están influenciados por el cristianismo;
porque quienes ocupan lugares de prestigio, influencia e im-
pacto cultural, en la mayoría de los casos, no son cristianos
ni simpatizan con los puntos de vista cristianos.

EL INDIVIDUALISMO RADICAL

El individualismo dice que todos pueden escribir su propio
libreto. En muchos sentidos, esto surge del relativismo. Lo que
un individuo quiere o busca es lo mejor para él, y es incorrecto
decirle a alguien que sus elecciones o creencias son incorrectas
o inmorales. El énfasis en la persona con derechos individuales
ha dado lugar a una comprensión del individuo que está "libre"
de toda forma de otros deberes. El mayor pecado —de hecho,
el único pecado— es juzgar a los demás.

Hace mucho tiempo (y todavía hoy en muchas partes del
mundo), las sociedades no pensaban en términos de individuos
o de derechos individuales. En cambio, un énfasis en las familias, los clanes y la comunidad era la manera predominante en
que cada persona entendía su existencia. En una sociedad así,
la pregunta no es: "¿Qué es lo mejor para mí?" o "¿qué me hace
feliz?"; sino "¿qué es lo mejor para mi tribu?" y "¿qué hace a mi
tribu más segura o más honrada?".

Si este énfasis parece obsoleto o inimaginable para nosotros,
¡muestra cuán "occidentales" somos, sin darnos cuenta! Si parece injusto y restrictivo, ¡muestra cuán sentenciosas pueden
ser las personas "sin prejuicios"!

Por supuesto, no todas las formas de individualismo son
malas. El énfasis en el individualismo puede y a menudo prio-
riza la dignidad de cada persona. El hecho de que los gobiernos

creen que los ciudadanos tienen derechos que son inviolables es un buen ejemplo de cómo el individualismo ha sido de gran beneficio. El individualismo radical se basa en esta idea, pero luego va mucho más allá.

LA REVOLUCIÓN SEXUAL

La revolución sexual de la década de 1960 dio lugar a la idea popular que proclama: "si te hace sentir bien, hazlo". Podría decirse que no hay una corriente mayor que alimente nuestra condición actual que el movimiento de la revolución sexual contra lo que se consideraba una sexualidad "puritana" o "mojigata". El movimiento de la revolución sexual enseñaba que nuestro cuerpo nos pertenece y que podemos disfrutarlo de la forma que queramos.

Si deseas pruebas de cómo la revolución sexual ha afectado al mundo, mira la industria del entretenimiento. En cada rincón hay una suposición sin resistencia (e indiscutible) de que la libertad sexual es la norma más alta para la realización personal.

Este período cuando se cuestionaron y se invalidaron las ideas cristianas de la moralidad sexual coincidió con la industrialización de los anticonceptivos hormonales, y muy posiblemente contribuyó a ella. Este no es un libro para debatir sobre los pros y los contras de la píldora anticonceptiva, pero una consecuencia de su disponibilidad fue anular la relación entre el sexo y la procreación. Esto fue nada menos que revolucionario. Si bien en el pasado las personas participaban de relaciones sexuales prematrimoniales, siempre existía la posibilidad de que ocurriera un embarazo. Ya no es así, y esto tiene enormes repercusiones en qué piensa la sociedad sobre el propósito del sexo. Ya no se cree que el sexo deba tener lugar solo en el matrimonio. La idea de que el sexo fuera del matrimonio es incorrecto ha sido desestimada, y el riesgo asociado con el sexo fuera del matrimonio ha sido desechado. La legalización del aborto en 1973 (en los Estados Unidos) y la consiguiente falta del estigma terminaron de desasociar las relaciones sexuales con la concepción.

La revolución sexual resultó en una positiva evolución para los derechos de las mujeres. También condujo a la disminución de las tasas de matrimonio y una explosión en la tasa de divorcio. Al menos durante las primeras dos décadas, produjo un aumento en el número de abortos que se realizaron cada año. Nosotros, en el mundo occidental, vivimos bajo la corriente de las poderosas olas de la revolución sexual.

EL GNOSTICISMO

El gnosticismo es una visión antigua de nosotros mismos que está de moda hoy día. En tiempos antiguos (precedió al cristianismo y se filtró en gran parte de la iglesia primitiva) enseñaba que el mundo físico, la "materia", es malo y está corrompido, y que lo que realmente importa es que una persona busque una vía de escape espiritual lejos del mundo. El gnosticismo enfatiza que la autoconciencia de una persona es diferente y más importante que su cuerpo físico.

El gnosticismo dice que existe una tensión inherente entre nuestra verdadera personalidad y el cuerpo que habitamos. La idea de que nuestra verdadera personalidad es diferente al cuerpo que habitamos nos comunica que nuestro cuerpo es inferior a nosotros, y puede usarse, formarse y cambiarse para que coincida con lo que sentimos.

El concepto de que nuestro género puede ser diferente a nuestro sexo biológico es una forma moderna de la antigua idea gnóstica. En la práctica, significa que un hombre puede identificarse como una mujer, aunque posea cromosomas masculinos y el cuerpo de un hombre.

Estas son las corrientes que fluyen en nuestra sociedad y explican por qué el debate transgénero no solo ha llegado al primer plano de nuestra conciencia cultural, sino por qué ha avanzado tan rápidamente. No salió de la nada. Proviene de una fusión de estas influencias culturales poderosas, aunque, a menudo, desapercibidas e indiscutidas.

Y todo esto significa que hay dos pecados imperdonables en un mundo posmoderno, poscristiano e individualista. El primero es juzgar a los demás. El segundo es no cumplir tus deseos.

HACER EL BIEN

Hace dos milenios, el apóstol Pablo escribió a un grupo de cristianos:

> No nos cansemos, pues, de hacer bien; porque a su
> tiempo segaremos, si no desmayamos (Gálatas 6:9).

Los cristianos están llamados a hacer el bien. Eso es simple, pero ¿qué es el bien? Eso es más complejo. Para algunos, "hacer el bien" significa seguir lo que marca la cultura; y a veces tienen razón. Para otros, "hacer el bien" significa rechazar todo lo que marca la cultura y llamar "malo" a lo que la cultura dice que es "bueno". A veces tienen razón. Todos nosotros, según nuestro carácter, tendemos instintivamente a aceptar o rechazar los cambios culturales, y etiquetamos nuestras predisposiciones como "buenas".

Sin embargo, la visión cristiana del "bien" no se define simplemente por estar de acuerdo o en desacuerdo con el momento cultural donde Dios ha decidido ubicarnos. Por lo tanto, a menudo es complejo y bastante agotador saber qué está "bien" y mucho más vivirlo, independientemente de si eso nos pone a favor o en desacuerdo con la sociedad. Cuando nos cansamos, tendemos a hacer lo que nos resulta más fácil, ya sea levantar el puente levadizo o simplemente seguir la corriente. Sin embargo, los cristianos no están llamados a hacer lo más fácil, sino lo que está bien. La pregunta central aquí es cómo pensar, hablar y hacer el "bien" en el marco de este debate transgénero... a las personas reales con un dolor real, que son parte de este debate.

3

EL VOCABULARIO

¿Qué queremos decir realmente con el término "transgénero"?

Para definir este término, debemos analizar otras palabras nuevas que han surgido para explicar el creciente número de identidades sexuales y de género que forman parte de la revolución de la identidad de género. Hay cinco términos de los cuales todos necesitamos una definición práctica:

- sexo
- género
- identidad de género
- disforia de género
- transgénero

ES UN VARÓN, ES UNA HEMBRA

Cada época y cada sociedad tiene sus propias formas de anunciar un próximo nacimiento. En la nuestra, hay sorpresas maravillosamente imaginativas: una de mis favoritas es cuando las parejas que serán padres dan a cada una de sus madres una camiseta que dice: "La mejor abuela del mundo". A veces, en

Facebook, veo a un hombre y una mujer en el fondo tomados de la mano con un letrero que dice "próximamente..." o una hermana mayor que sostiene una ecografía con una foto titulada "soy un hermano / hermana mayor" (¡según corresponda!). En los Estados Unidos, el último fenómeno es "fiestas para revelar el género". Una pareja organiza una fiesta en su casa e invita a amigos. La pareja idea una manera inteligente de revelar no solo que esperan un bebé, sino también si es niño o niña. Una manera de la que he escuchado hablar es que la pareja corta un pastel que está relleno de crema color celeste o rosa; de modo que al revelarse el interior del pastel a los concurrentes, también se anuncia si es niño o niña.

Las fiestas para revelar el género reflejan una opinión universalmente aceptada hasta hace muy poco: el género está ligado al sexo. El anuncio del género en la fiesta se basa en la suposición de que el género del bebé se ceñirá al sexo dado a conocer en la ecografía. Es irónico que las fiestas para revelar el género hayan estallado en popularidad al mismo tiempo que la idea de que el sexo y el género pueden estar completamente desvinculados.

La palabra "género" no es nueva, pero el género no significa lo mismo que antes.

SEXO, GÉNERO E IDENTIDAD DE GÉNERO

Hay varias formas de pensar en el sexo de una persona. El sexo puede referirse a una constitución o composición biológica. Los hombres tienen cromosomas XY. Las mujeres tienen cromosomas XX. Existen diferencias hormonales y reproductivas entre los hombres y las mujeres que resultan de la diferencia cromosómica. Desde nuestro cuerpo hasta nuestras células, el sexo biológico de los que nacen hombres y los que nacen mujeres son diferentes.

Luego están nuestras "características sexuales primarias", que se refieren a las diferencias en el sistema reproductivo. Las "características sexuales secundarias" se refieren a las otras diferencias físicas generales entre los hombres y las mujeres adultos. Los hombres, por ejemplo, tienden a tener hombros más anchos y ser más altos que las mujeres. Las mujeres tienden a tener caderas más anchas y ser más bajas.

Según la Asociación Norteamericana de Psicología, el "género" se refiere a...

... actitudes, sentimientos y comportamientos que una cultura determinada asocia con el sexo biológico de una persona. El comportamiento que es compatible con las expectativas culturales se conoce como normativo de género; los comportamientos que se consideran incompatibles con estas expectativas constituyen una inconformidad de género.[2]

En las sociedades tradicionales —que incluye casi a todas las sociedades hasta la última década aproximadamente en partes de occidente— el género se ha vinculado al sexo. Es la expresión culturalmente apropiada de tu sexo. De modo que si tu sexo es "femenino", tu género es "femenino".

La forma en que expresamos nuestro género varía de una cultura a otra. No existe una manera única o correcta de expresar el género: cada cultura tiene sus propias normas de género. Piensa en la película *Corazón valiente,* una de mis favoritas de todos los tiempos. En *Corazón valiente*, el guerrero escocés del siglo XIII, William Wallace, vestía una falda escocesa, porque en Escocia los hombres usaban faldas escocesas (y todavía

---

2. http://www.apa.org/pi/lgbt/resources/sexuality-definitions.pdf.

las usan hoy día, en actos ceremoniales como las bodas). En otros contextos —en los Estados Unidos del siglo XXI, por ejemplo— una falda escocesa se parece a la falda de una mujer. Sería extraño, por lo tanto, que William Wallace apareciera en Nashville, Tennessee (aparte del hecho de que no existía Nashville en el siglo XIII), con una prenda de vestir asociada en ese tiempo y lugar a un atuendo femenino. Sin embargo, en Escocia es perfectamente masculino que los hombres usen faldas escocesas, porque eso está asociado a la hombría. No hay nada en el artículo indumentario en sí que lo haga masculino o femenino. Es lo que una cultura le asigna al objeto lo que lo hace masculino o femenino, o unisex.

El género siempre se ha expresado de distintas maneras. Lo que ha cambiado hoy es que muchos ahora consideran que el género está desvinculado del sexo. Es decir, no solo se expresa el género de manera diferente; se puede ser de un género diferente. Tu sexo puede ser "femenino", pero eso no significa necesariamente que —en lo que respecta a tu género— seas "femenino".

Debido a los avances en la ciencia médica, somos la primera generación que puede hacer que el sexo se ciña al género, y no a la inversa. Ahora hay procedimientos médicos que permiten que las personas cuyo sexo es masculino y que identifican su género como femenino modifiquen su cuerpo quirúrgicamente para así reflejar tal género femenino.

Eso nos lleva a un nuevo término: "identidad de género". La identidad de género es la autopercepción de una persona, ya sea hombre o mujer, masculino o femenino.[3]

Todos tenemos una "identidad de género". Algunas personas sienten que su identidad de género no concuerda con su sexo

---

3. Para saber más, ver Mark Yarhouse, *Understanding Gender Dysphoria: Navigating Transgender Issues in a Changing Culture* (IVP USA, 2015), p. 17.

biológico. Cuando alguien experimenta angustia, dolor interno o incomodidad al percibir un conflicto entre su identidad de género y su sexo biológico, esa persona tiene disforia de género, un desajuste entre el género que concuerda con su sexo biológico y el género que se siente ser.[4] Es crucial entender que esta es una experiencia genuina. Las personas con disforia de género experimentan la sensación de que su cuerpo biológico está mintiendo. Un individuo en esta situación realmente piensa que debería ser o se sentiría mejor con el género opuesto a su sexo biológico, o sin género en absoluto.

DISFORIA DE GÉNERO Y TRANSGENERISMO

Los individuos que experimentan dolor, angustia y conflicto a partir de su aparente identidad de género no son pervertidos o fanáticos. Es una experiencia no elegida; no se trata de algo que una persona debería simplemente "tratar de superar". Y no hay dos experiencias de disforia de género que sean completamente iguales. La investigación basada en escuchar a los que son "disfóricos de género" indica que hay grados de disforia, que van desde "leve" a "grave". Las personas que se identifican como transgénero informan tasas desproporcionadamente más altas de problemas de salud mental que el resto de la población en general, incluida la depresión, el suicidio y los pensamientos suicidas.[5]

Lo más importante para recordar es que estas son personas reales. Son hijos e hijas, hermanos y hermanas. Son personas que pueden haber estado sentados en el banco de la iglesia detrás de nosotros durante dos décadas, o que trabajan en el escritorio junto a nosotros de lunes a viernes, o que son parte de nuestra

---

4. Yarhouse, *Understanding Gender Dysphoria*, p. 19.
5. Ver Yarhouse, *Understanding Gender Dysphoria*, caps. 3-5.

familia. Por supuesto, podrías ser tú. Y necesitamos subrayar esto constantemente, porque cuando el debate comienza a acalorarse a causa del lenguaje que se usa y las acusaciones o las suposiciones que se hacen, las personas reales terminan destruidas.

Nada de esto significa que una persona que experimente disforia de género necesariamente se identifique como "transgénero". Alguien puede experimentar un conflicto entre su identidad de género y su sexo biológico, pero no ve esa experiencia como el factor determinante de cómo se percibe a sí misma. Una persona que experimenta disforia puede optar por vivir en concordancia con su sexo biológico. La disforia es una experiencia; no es necesariamente una lente o "identidad" a través de la cual una persona ve su vida.

Sin embargo, obedecer a ese deseo es, en cierta medida, ser "transgénero". Transgénero es un término general para el estado o la condición de identificar o expresar una identidad de género que no coincide con el sexo genético de una persona. Puede significar vestirse con el atuendo culturalmente determinado del género con el que alguien se identifica; puede implicar que alguien se someta a un tratamiento hormonal para tratar de ajustar su equilibrio químico con ese género y podría incluir someterse a un tratamiento quirúrgico para adecuar su cuerpo. También podría significar no identificarse como un solo género todo el tiempo (a menudo se denomina "fluidez de género") o no identificarse como masculino o femenino en absoluto (generalmente, denominado "no binario" o "agénero").

DOS PREGUNTAS BREVES

¿Hay algo que "cause" disforia de género? Esta es una pregunta para la cual no hay una respuesta definitiva. Este es un punto importante, porque muchas personas que adoptan una variedad

de puntos de vista en el "debate" transgénero lo hacen a través de afirmaciones valientes sin una evidencia real que respalde tales afirmaciones. Eso es muy poco útil, ya sea que los alegatos se realicen en apoyo de una visión fluida del género o en apoyo de una perspectiva más tradicional. La mejor investigación no ha ofrecido una evidencia concluyente de que las experiencias de disforia de género sean el resultado de algún factor o factores en particular.[6]

¿Qué tan común es el transgenerismo? Aunque los números exactos son difíciles de determinar, el Instituto Williams de la Universidad de California estima que el 0,3% de la población de los Estados Unidos, o aproximadamente 700.000 personas, es transgénero.[7] A medida que la sociedad se vuelva más tolerante socialmente, las personas que reporten disforia de género o que se identifiquen como transgénero probablemente aumenten.

LOS CINCO TÉRMINOS QUE NECESITAS CONOCER

El rápido surgimiento del debate transgénero entre la población en general de nuestra cultura ha originado diversas palabras nuevas o redefinidas. Sin embargo, los únicos cinco términos que realmente necesitarás en este libro, y que espero que este capítulo haya definido de un modo útil, son:

---

6. Para obtener una descripción útil de las teorías dominantes sobre las causas de la disforia de género, ver el capítulo tres de Yarhouse, *Understanding Gender Dysphoria*. Ver también Lawrence S. Mayer y Paul R. McHugh, "Sexuality and Gender: Findings from the Biological, Psychological, and Social Sciences", en *The New Atlantis*, número 50, otoño de 2016. Disponible en: http://www.thenewatlantis.com/publications/number-50-fall-2016.

7. http://williamsinstitute.law.ucla.edu/wp-content/uploads/Gates-How-Many-People-LGBT-Apr-2011.pdf.

- género
- sexo
- identidad de género
- disforia de género
- transgénero

Si te interesa, en la página 167 encontrarás una útil lista de varios términos más, que probablemente encontrarás, y su significado, cortesía de Joe Carter, un comentarista cultural cristiano y profesor de periodismo. No obstante, estas cinco palabras o términos nos proporcionan suficiente "vocabulario" para poder participar en el debate transgénero.

4

A LA HORA DE TOMAR UNA DECISIÓN

"¿**R**ealmente crees que lo que crees es verdad?". Esa fue la pregunta que me hizo un profesor en 2006. Yo tenía veinte años en ese momento, era un cristiano comprometido, y, hasta que él me lo preguntó, pensé que estaba seguro de mis creencias.

Sin embargo, esa pregunta me inquietó. Me requería pensar profundamente en los aspectos más importantes de mi fe. Tenía que dar una respuesta, y no era suficiente responder "porque la Biblia lo dice". Tenía que explicar un poco más qué entendía por autoridad, cómo entendía qué era la verdad y por qué las fuentes de mi fe eran confiables.

Esa pregunta es una pregunta que requiere que todos nosotros consideremos no solo lo que creemos, sino por qué lo creemos.

Es una pregunta que conduce a otras preguntas importantes.

- ¿Qué es la realidad?
- ¿Cuál es la naturaleza del mundo que nos rodea?
- ¿Qué es un ser humano?

- ¿Qué le sucede a una persona al morir?
- ¿Por qué es posible no saber nada en absoluto?
- ¿Cómo sabemos qué está bien y qué está mal?[8]

Todos respondemos esas preguntas. Podemos hacerlo en total inquietud e introspección, o de manera subconsciente sin ni siquiera darnos cuenta. No obstante, lo hacemos. Estas preguntas requieren que evaluemos nuestra cosmovisión. Exigen que desenterremos nuestras convicciones más profundas sobre el mundo, nuestro propósito y nuestra moralidad. Un erudito define la cosmovisión de esta manera:

> Un compromiso, la posición fundamental del corazón, que puede expresarse como un relato o en una serie de presuposiciones (suposiciones que pueden ser verdaderas, parcialmente verdaderas o totalmente falsas) que tenemos (consciente o subconscientemente, permanentes o transitorias) sobre la esencia de la realidad, y que establece la base sobre la que vivimos, nos movemos y somos.[9]

En otras palabras, una cosmovisión es la suma de las creencias que tenemos en los niveles más profundos de nuestro ser, consciente o subconscientemente, sobre dónde se encuentra el significado fundamental de la realidad. Todas las personas de la tierra —ateos, cristianos, musulmanes, agnósticos, mormones, hindúes, budistas, todos— tienen una cosmovisión. Si estás

---

8. Estas preguntas pertenecen al libro de James Sire: *The Universe Next Door* (IVP EE.UU., 2004). Publicado en español con el título: *El universo de al lado*, por Libros Desafío, 2010.
9. James Sire, *The Universe Next Door*, p. 17.

leyendo este libro, no puedes darte el lujo de no tener una cosmovisión. Sin duda, tienes una. ¿Cuál es?

CÓMO DECIDIR SI COMER HELADO

Nuestra cosmovisión sale a la superficie cada vez que tenemos que decidir cómo vivir de alguna u otra manera.

¿Cómo determinamos tú y yo lo que está bien y lo que está mal en términos de nuestras creencias y acciones, particularmente cuando nos enfrentamos a grandes decisiones que solo podríamos tener una oportunidad de tomar? Finalmente, para encontrar la respuesta, debemos buscar una fuente de:

- *Autoridad*: ¿Quién tiene el derecho de decirme qué hacer?
- *Conocimiento*: ¿Quién sabe qué es lo mejor para mí?
- *Confiabilidad*: ¿Quién me ama y quiere lo mejor para mí?

Busca una persona o una institución o un libro que te ofrezca las tres cosas y allí podrás recurrir para tomar decisiones. Hay muchas opciones de cómo las personas responden estas preguntas.

Muchos recurren a su familia, su nación, sus partidos políticos, su religión, sus amigos, sus sentimientos, o al entretenimiento o la ciencia para responder estas preguntas. Y podemos encontrar su fuente de autoridad, conocimiento y confiabilidad en diferentes sitios según cada caso individual.

Piensa en las decisiones diarias que tomamos todo el tiempo. Usemos un ejemplo típico (¡al menos para mí!): ¿Cómo decido si como helado?

Podría decidir escuchar mis sentimientos, que me dicen que sería genial comer un helado. O podría apelar a mi razonamiento: estoy a dieta y no debería comer ningún helado. Tal vez busque el fundamento de mi decisión en la forma en que mi madre me educó: le diré no al helado porque mi madre siempre me aconsejó que no consumiera demasiada azúcar. O podría estar ayunando de helado por someter mi decisión a un código religioso en particular.

De modo que en el proceso de tomar mi decisión, hay una gran cantidad de diferentes fuentes de autoridad que podría "escuchar" para decidir si como helado: los sentimientos, la razón, la familia, la religión. ¡Y esto es solo una cuestión de comer helado! (¡Ni siquiera tenemos que elegir el sabor... una decisión igualmente difícil!).

Ahora bien, ¿qué importancia tiene esto en los debates sobre sexualidad y género?

Como mencioné en el capítulo 2, el mundo occidental está experimentando una profunda transformación a medida que se inicia la era poscristiana. Tenemos una gran variedad de opciones entre las cuales encontrar nuestra fuente de autoridad, conocimiento y confiabilidad.

Si diferimos en nuestra respuesta a la fuente de autoridad, conocimiento y confiabilidad a la hora de tomar decisiones, no debería sorprendernos que estemos a kilómetros de distancia cuando cada uno llegamos a nuestro destino: nuestra decisión sobre un tema o acción en particular. Cuando se trata de la cuestión de cómo deberíamos pensar sobre el género y el transgenerismo, hay respuestas muy dispares. Pueden estar a kilómetros de distancia y, a menudo, las personas no pueden entender por qué los demás se encuentran en una postura tan distinta a la de ellos en lo que respecta a este debate. Es útil recordar que el viaje hacia esas respuestas tan diferentes comenzó con esta pregunta de cómo decidir nuestra manera de vivir. Allí es donde aparece la disyuntiva. En cierto sentido, para considerar nuestro punto de vista sobre un tema como el género y el transgenerismo (el "destino"), debemos comenzar al inicio del viaje y evaluar por qué pensamos como pensamos y, por lo tanto, tomamos las decisiones que tomamos.

LA BÚSQUEDA DE UNA AUTORIDAD EN LA QUE PODEMOS CONFIAR

Especialmente desde la Segunda Guerra Mundial, pero incluso desde el siglo XVI, ha habido una crisis de autoridad en el mundo occidental.

Los escándalos de abuso sexual infantil y, previo a eso, la forma en que los cristianos profesos practicaban y justificaban la esclavitud racial, hicieron razonable cuestionar si se podía confiar en las iglesias.

Los escándalos políticos como el Watergate y los asuntos sexuales de altos políticos (y sus maniobras de encubrimiento) debilitaron el respeto que tenemos por nuestros líderes.

Los videos de policías que golpean y disparan a afroamericanos desarmados desgastaron la confianza en la autoridad civil.

El desenmascaramiento de las ideologías políticas que una vez fueron populares en el siglo XX —sobre todo el fascismo y luego el comunismo— nos ha hecho renuentes a permitir que los sistemas políticos dirijan nuestras decisiones personales.

Se ha demostrado que es posible usar la ciencia de buena y mala manera. Y a pesar de los avances científicos que nuestra raza logre, la ciencia no puede explicarme a quién "debería" elegir para casarme, y si "debería" dejar a mi esposa algunos años después.

En esta era, cuando se desafían y se cuestionan los reclamos de autoridad, ¿qué nos queda en donde buscar una fuente de autoridad, conocimiento y confiabilidad?

Mi yo. Mí mismo.

Parece muy obvio. Después de todo, ¿quién tiene más derecho a decirme cómo vivir que yo mismo? ¿Quién me conoce mejor que yo? ¿En quién puedo confiar que quiera lo mejor para mí más que yo? El individualismo posmoderno concuerda con esto. La revolución sexual me dice que el objetivo más alto es la autorrealización, que se logra al obedecer mis sentimientos; y el relativismo me permite alcanzar esos objetivos sin que nadie me pueda decir: "No, eso está mal". Entonces decidimos conforme a nuestra razón o (más comúnmente) a nuestros sentimientos, o a ambas cosas. Piensa en cuántas veces escuchas a otros decir sobre una decisión o una opinión (y tal vez tú mismo lo digas): "Siento que..." o "creo que...". Es parte de una corriente tan predominante de nuestra cultura que apenas lo notamos. Es obvio, es natural, está bien, ¿verdad?

AL PENSAR EN MÍ

Sin embargo, profundicemos un poco más, y la idea de considerar nuestros sentimientos o nuestra razón —nuestro yo— a la hora de tomar decisiones y determinar qué es lo correcto comenzará a aclararse. Primero, todos vivimos en comunidad. Cada decisión afecta a aquellos que nos rodean, a menudo de maneras que no podemos predecir o ver. ¿Cómo sé que mi decisión no tendrá efectos adversos en la vida y la realización personal de otros en algún momento? Eso requeriría un conocimiento perfecto. ¡Ninguno de nosotros es tan inteligente! Y ninguno de nosotros tiene la autoridad o el derecho de hacer algo que afecte negativamente a otra persona, incluso de maneras que no podemos ver.

En segundo lugar, ¿realmente me conozco tan bien? No he

vivido antes. Podría identificar un problema con mi realización personal, pero no puedo saber si he identificado correctamente la solución. No sé cómo me sentiré, quién seré o qué necesitaré mañana o el próximo año, y mucho menos en una década. Si hubiera actuado según cada sentimiento o pensamiento que me parecieron buenos cuando tenía dieciocho años, mi vida sería muy diferente y ¡mucho peor!

En tercer lugar, y quizás lo más sorprendente, tengo que preguntarme: "¿Puedo realmente confiar en mí mismo a la hora de querer lo mejor para mí?". Todos hemos actuado según nuestros sentimientos de alguna manera que luego lamentamos (para dar algunos ejemplos cotidianos: hablarle mal a un ser querido o no estudiar para un examen). Todos podemos —si lo pensamos— señalar momentos cuando hicimos algo que no solo no nos benefició ni colaboró a nuestra realización personal, sino que realmente hizo lo contrario. Todos razonamos algo, actuamos según esa lógica y luego descubrimos que lo que parecía tan razonable no lo era.

De modo que el yo no es la mejor fuente donde buscar autoridad, conocimiento y confiabilidad.

Entonces... ¿a dónde más podemos ir? Nuestro yo puede tener sus propias limitaciones; pero, en algún momento dado, tenemos que tomar decisiones; tenemos que ver el mundo de un modo u otro, y confiar en nosotros mismos parece ser una mejor apuesta que las instituciones religiosas, las organizaciones seculares o las generaciones antecesoras.

UNA HISTORIA MEJOR, UNA FUENTE SUPERIOR

La Biblia nos cuenta una historia diferente y nos muestra otra manera de saber dónde buscar la autoridad perfecta, el conocimiento perfecto y la confiabilidad perfecta.

El primer versículo de la Biblia es conocido para la mayoría, pero no por eso menos fundamental:

En el principio creó Dios los cielos y la tierra (Génesis 1:1).

Este mundo tiene un Creador. Y todo lo creado pertenece a su creador; por tanto, el Creador tiene autoridad. El Creador es quien mejor conoce lo creado; el Creador tiene conocimiento. Como soy parte de la creación y vivo dentro de la creación, Dios tiene el derecho de decirme qué hacer. Y tiene el conocimiento necesario para saber siempre lo que debo hacer, lo que es mejor para mí y para el mundo. Hay un Creador, y Él es todopoderoso, omnisciente y sabio.

Pero eso no significa que es bueno. ¿Por qué deberíamos tú y yo confiar en nuestro Creador a la hora de que nos diga qué es lo mejor para nosotros? Por lo que hizo por el mundo:

Porque de tal manera amó Dios al mundo, que ha dado a su Hijo unigénito, para que todo aquel que en él cree, no se pierda, mas tenga vida eterna (Juan 3:16).

Hay un Creador en quien puedes confiar que quiere realmente lo mejor para ti. Él quiere lo mejor para ti de tal manera que vino en la persona de su Hijo y murió por ti. La Biblia nos habla de un Creador crucificado. Dios te ama mucho más de lo que tú te amas.

Entonces pasajes como Proverbios 3:5-6 no son solo mandatos, sino promesas...

Fíate de Jehová de todo tu corazón, y no te apoyes en tu propia prudencia. Reconócelo en todos tus caminos, y él enderezará tus veredas.

Un Creador crucificado es un Dios que tiene autoridad para decirnos qué hacer, que tiene sabiduría para saber qué es lo mejor para nosotros y que ha demostrado que podemos confiar que Él nos dirá qué es lo mejor para nosotros. De modo que la Biblia nos revela a un Dios que tiene la autoridad para exigir tu obediencia, y que tiene el carácter que merece tu respeto. Este Dios realmente sabe lo que es mejor para mí y realmente quiere lo mejor para mí.

UNA LEY QUE TRAE LIBERTAD

Cuando el Dios que tiene autoridad, conocimiento y confiabilidad nos dice que hagamos algo, en realidad eso es lo que nos trae libertad, porque la fuente de tal libertad es el Creador crucificado que ha demostrado que sabe y quiere lo mejor para nosotros:

> Mas el que mira atentamente en la perfecta ley, la de la libertad, y persevera en ella, no siendo oidor olvidadizo, sino hacedor de la obra, éste será bienaventurado en lo que hace (Santiago 1:25).

Entonces, cuando pensamos o les decimos a otros: "Deberías obedecer a Dios", lo que estamos diciendo es: *Queremos lo que Dios se merece (tu obediencia) y lo mejor para ti (tu obediencia).*

Por esta razón, los cristianos tienen puntos de vista o creen cosas que van en contra de lo que puede ser natural o instintivo en nosotros. Los cristianos han encontrado una mejor fuente de autoridad, conocimiento y confianza que nuestra propia razón, o nuestros sentimientos, o nuestras propias tradiciones o suposiciones. "Porque siempre pensé así" o "siempre hemos pensado así" o "sencillamente, está mal, ¿no es cierto?" no son mejores respuestas que: "porque así es como me siento" o "¿cómo puede algo que me hace sentir tan bien estar mal?".

Es crucial —especialmente cuando nuestro yo y las Escrituras no están de acuerdo— saber por qué estamos pensando y decidiendo como lo estamos haciendo; o, para decirlo de otra manera, es crucial saber cuál es nuestra fuente de autoridad, conocimiento y confianza para tal decisión u opinión. Esto se aplica a todos los temas, especialmente a aquellos que son más controversiales, incluidos los temas de moralidad sexual y el debate sobre la identidad transgénero.

Después de todo, cuando todas las voces se callan, ¿qué impulsa las ideas de nuestra cultura sobre la sexualidad y el género? Fundamentalmente, el mayor problema que genera una brecha entre una cultura cada vez más secularizada y la cosmovisión cristiana es la cuestión de dónde ubicamos la autoridad, el conocimiento y la confiabilidad. ¿Quién tiene autoridad para decirme cómo vivir, para decidir qué está bien o qué está mal? ¿Quién sabe qué es lo mejor? ¿En quién puedo confiar que me guíe hacia aquello que me haga sentir realizado? Nuestras distintas respuestas a estas preguntas nos colocarán en caminos que conducen a lugares muy, muy diferentes.

La respuesta cristiana es ubicar la autoridad, el conocimiento y la confiabilidad donde pueda encontrar un fundamento firme, estable y pleno: en el Creador crucificado. Puede que Él no siempre esté de acuerdo con nuestros sentimientos o nuestra razón, pero podemos confiar en Él, Él sabe de qué está hablando y tiene derecho a decirnos cómo debemos vivir. Es bueno escuchar y obedecer sus palabras. Y en los próximos tres capítulos, eso es lo que haremos.

5

CORRECTAMENTE
DISEÑADOS

Imagínate que recorres una fábrica de aviones. Estás allí para ver un modelo nuevo de última generación. Al comenzar tu recorrido, conversas con los ingenieros sobre el diseño general. Hablan de la velocidad del avión, su potencia y su capacidad de asientos. Luego te diriges al piso de la fábrica donde cientos de trabajadores realizan una tarea específica. Paseas por cada sector. Ves a trabajadores que están ensamblando el motor. Hay un sector para conectar toda la instrumentación de la cabina. Más abajo, en otro piso de la fábrica, observas a los obreros mientras tapizan los asientos que colocarán en el avión. Cada uno está trabajando a partir de un diseño: el plano del avión.

Entonces, al final de esas enormes instalaciones, lo ves: al avión en sí. Todavía está en una forma casi esquelética. Sin embargo, está tomando forma un diseño que hará volar a velocidades increíbles a un objeto extremadamente pesado, y si alguno de esos trabajadores no cumple con las expectativas, algo podría salir mal en ese avión. Un error en el ensamblado del motor o en el correcto ajuste de los componentes de la hélice provocaría una catástrofe.

Cada parte del diseño del avión es intencional. Nada aquí sucede por casualidad o conjeturas. Cada parte del avión depende de que otras partes del avión hagan su trabajo para que este pueda cumplir su misión. Todas las partes de la aeronave están interrelacionadas y dependen una de la otra.

EL DISEÑO DE DIOS

Cuando estudiamos la Biblia, encontramos una historia similar cuando leemos cómo Dios creó el mundo. Había un Diseñador, que tenía un plano de cómo iba a hacer el mundo. Dios tenía un diseño en mente. Y, una vez que culminó con su creación, se detuvo a reflexionar (por así decirlo) y afirmó:

> Y vio Dios todo lo que había hecho, y he aquí que era bueno en gran manera. Y fue la tarde y la mañana el día sexto (Génesis 1:31).

Lo que Dios había creado era "bueno en gran manera". No era regular ni carente de propósito. La obra creadora de Dios tuvo éxito en cada parte, y fue intencional en cada una de ellas. Génesis 1—2 nos muestra que el Dios de la Biblia no crea de manera desorganizada, sino de acuerdo con un propósito. Y su propósito es brillante: ya sean árboles, montañas, estrellas, átomos o los deditos de los bebés, la creación está llena de imágenes, sonidos y aromas impresionantes.

Y la brillantez creativa de Dios culmina con el ser humano:

> Entonces dijo Dios: Hagamos al hombre a nuestra imagen, conforme a nuestra semejanza; y señoree en los peces del mar, en las aves de los cielos, en las bestias, en toda la tierra, y en todo animal que se arrastra

sobre la tierra. Y creó Dios al hombre a su imagen, a imagen de Dios lo creó; varón y hembra los creó. Y los bendijo Dios, y les dijo: Fructificad y multiplicaos; llenad la tierra, y sojuzgadla, y señoread en los peces del mar, en las aves de los cielos, y en todas las bestias que se mueven sobre la tierra.

Y dijo Dios: He aquí que os he dado toda planta que da semilla, que está sobre toda la tierra, y todo árbol en que hay fruto y que da semilla; os serán para comer (Génesis 1:26-29).

El punto culminante de la historia de la creación es la obra de Dios al crear al ser humano. Génesis describe a un Dios que, como un artista, termina una obra maestra con sumo cuidado, atención y precisión.

El ser humano es el punto culminante porque hay algo único en la humanidad: solo los seres humanos reflejan la imagen de Dios.

"La imagen de Dios" es una categoría algo misteriosa que los teólogos han debatido durante siglos. Sin embargo, todos concuerdan en que reflejar la imagen de Dios significa que existe una relación especial que solo los seres humanos tienen con Dios. Según uno de los teólogos, Wayne Grudem:

El hecho que el hombre está formado a la imagen de Dios quiere decir que el hombre es como Dios y representa a Dios.[10]

Los seres humanos no son idénticos a Dios, pero están hechos

---

10. *Teología sistemática: Una introducción a la doctrina cristiana* (Miami: Editorial Vida, 2007), p. 463.

para que sean como Dios en características tales como sus aspectos morales, espirituales, mentales y relacionales. Los seres humanos pueden conocer a Dios de una manera que el resto de la creación no puede. Los conejos no debaten entre ellos la existencia y la naturaleza de lo divino mientras mordisquean la hierba, y los peces no consideran las complejidades morales de sus vidas mientras nadan. Los humanos consideran tales cosas y debaten sobre estas preguntas. Además, a los seres humanos se les asignó la tarea de "sojuzgar" la creación: gobernarla en nombre de Dios. Fuimos creados para representar a Dios, relacionarnos con Él y gobernar en nombre de Él. Al haber sido hechos a imagen de Dios, los seres humanos poseen una dignidad inherente. Citando nuevamente a Grudem:

> Somos la culminación de esa obra de Dios infinitamente sabia y bella que es la creación.

Nadie —ni el estado, ni la filosofía ni ningún movimiento social— puede dar a la humanidad más dignidad y valor que Dios. Nuestro valor y dignidad no provienen de nosotros mismos, sino de Dios.

MÁS QUE LA SUMA DE TUS PARTES

Vuelve al hangar del avión. ¿Cuánto vale el motor? Si sumas el valor de todas sus partes obtendrás una respuesta, pero si consideras que todas las partes juntas conforman el motor, obtendrás una cifra mayor. El motor tiene un valor mayor que la suma de sus partes constituyentes, porque ha sido hecho intencionadamente como un motor y como una parte fundamental de un diseño superior. Por lo tanto, tú y yo somos más valiosos que la suma de nuestras partes, o de nuestra contribución a la economía de nuestro país (de lo contrario, los desempleados serían inútiles), o del futuro de nuestra especie (de lo contrario, las personas sin hijos tendrían menos valor). Has sido hecho intencionadamente, como un ser humano portador de una imagen, como una parte fundamental del gran diseño creativo de Dios.

Y cada aspecto de quiénes somos posee y refleja esa dignidad: nuestra mente, nuestro corazón y nuestro cuerpo. Cada uno ha sido creado y, por lo tanto, todos tienen valor y han sido diseñados para tener dignidad. Eso significa que la materia importa. Nuestro cuerpo importa. Tu cuerpo no es arbitrario; sino intencional. Si bien eres más que tu cuerpo, tampoco eres menos. No somos solo una colección de átomos y sinapsis que resulta ser que tenemos consciencia. Ni somos almas conscientes de Dios atrapadas en la materia de este universo. Somos seres vivos, sensibles, emocionales, encarnados, diseñados para relacionarnos con el Creador y reflejarlo en cada parte de nosotros mismos.

EL DERECHO DE DIOS A HABLAR

> De Jehová es la tierra y su plenitud; el mundo, y los
> que en él habitan. Porque él la fundó sobre los mares,
> y la afirmó sobre los ríos (Salmos 24:1-2).

En otras palabras, porque Dios hizo este mundo, este mundo le pertenece. Somos parte de la creación de Dios; somos criaturas con un Creador. La mejor manera de vivir es según el plan que Dios diseñó y desempeñando la función que Dios destinó para el ser humano. Como criaturas, no podemos volver a delinear nuestro diseño por propia voluntad. El motor de un avión no puede decidir ser una rueda, porque la rueda está diseñada para un propósito diferente. No tenemos ni la autoridad ni la capacidad de redefinir o reconfigurar cómo Dios hizo el mundo. Es su creación; solo estamos viviendo en Él. Y, dado que nuestro cuerpo es parte del mundo que Él creó, su autoridad se extiende a nosotros. Esta es su creación, y nosotros somos su creación. Entonces, esta es la razón por la que, finalmente, Dios tiene autoridad en el debate transgénero. Su voz merece ser escuchada, y su opinión debe tener el peso final. Este no es un debate entre individuos "cisgénero"[11] y "transgénero", o entre aquellos que son religiosos y aquellos que son seculares, o entre los de izquierdas y los de derechas. No se trata de si Andrew Walker tiene derecho a hablar en este debate; sino de si el Creador tiene derecho a hablar sobre su creación. Y se trata de si el Creador tiene más conocimiento de su creación que una pequeña parte de dicha creación.

Este es un debate sobre autoridades que compiten entre sí: nosotros mismos o Dios, las criaturas o el Creador. Esto es lo que cada uno de nosotros tiene que decidir; y la decisión más segura es apostar a la historia del Creador, que habla con autoridad sobre cómo y por qué hizo la creación.

LA CREACIÓN DE DIOS TIENE UN PROPÓSITO

Recuerda que cuando Dios terminó la obra de su creación, dijo que todo lo que había creado era "bueno en gran manera". Esto es importante cuando pensamos en el sexo y el género, porque cuando Dios declaró que su creación era buena, estaba declarando que lo que había hecho tenía un propósito.

El comienzo de la Palabra de Dios transmite dos ideas muy claras. Primero, Dios es el Creador. Segundo, nosotros somos criaturas. Estas dos breves frases pueden ser las más significativas de este libro. Ser criaturas significa que no somos soberanos. Solo

---

11. Ver página 168 para una definición de "cisgénero".

Dios es soberano. El Dios que crea es el Dios que asigna a los seres humanos lo que son, lo que deben hacer y cómo deben hacerlo. Ser criaturas significa que nuestro llamado principal y nuestro mayor placer se encuentran en vivir conforme al diseño de Dios. Eso no quiere decir que la manera en que Dios nos diseñó es la manera más fácil o popular de vivir. Ser criaturas significa que no podemos recrearnos de ningún modo o estilo que deseemos por un simple acto de la voluntad o por la labor compleja de un cirujano. Cuando nosotros, como criaturas, rechazamos el diseño del Creador, nos rebelamos contra el orden natural de cómo son las cosas objetivamente y (aunque no lo parezca) también estamos rechazando la vida que más beneficios nos traerá.

MÁS QUE UNA "RAZA HUMANA"

Esto puede parecer obvio, pero el diseño de Dios incluía hacer a la raza humana en dos mitades:

> Entonces Jehová Dios hizo caer sueño profundo sobre Adán, y mientras éste dormía, tomó una de sus costillas, y cerró la carne en su lugar. Y de la costilla que Jehová Dios tomó del hombre, hizo una mujer, y la trajo al hombre. Dijo entonces Adán: Esto es ahora hueso de mis huesos y carne de mi carne; ésta será llamada Varona, porque del varón fue tomada. Por tanto, dejará el hombre a su padre y a su madre, y se unirá a su mujer, y serán una sola carne (Génesis 2:21-24).

La masculinidad y la feminidad, según la Biblia, no son categorías artificiales. Las diferencias entre los hombres y las mujeres reflejan la intención creativa de ser hechos a imagen de Dios. Para citar al pastor Kevin DeYoung:

Lejos de ser una mera construcción cultural, Dios describe la existencia del hombre y la mujer como elementos esenciales para su plan creacional. Los dos no son ni idénticos ni intercambiables. Sin embargo, cuando la mujer, que fue sacada del hombre, se une nuevamente al hombre en la relación sexual, los dos se convierten en una sola carne (Génesis 2:23-24). La división de la raza humana en dos géneros, masculino y femenino —uno o el otro, no ambos, y no uno, después el otro— no es la invención de santurrones victorianos o patriarcas iletrados. Fue idea de Dios.[12]

Dios diseñó a la raza humana con una silueta masculina y una femenina. Eligió crear dos mitades, no tercios, octavos o de un solo tipo. ¿Qué es un hombre? Génesis dice que un hombre es un ser humano que puede unirse a una mujer, su esposa, con quien físicamente puede convertirse en "una sola carne" (2:24). Un individuo con anatomía masculina refleja físicamente que fue creado como un hombre. Una persona con anatomía femenina refleja que es una mujer. La masculinidad no es solo una anatomía, sino que la anatomía muestra que hay masculinidad. Y la feminidad no es solo una anatomía, sino que la anatomía muestra que hay feminidad. Los hombres y las mujeres son más que solo su anatomía, pero tampoco son menos.

Nuestra anatomía dice de qué género somos. Nuestro cuerpo no miente.[13]

Estas diferencias absolutas entre los hombres y las mujeres

---

12. "What Does the Bible Say About Transgenderism?", *The Gospel Coalition*, 8 de septiembre, 2016, https://blogs.thegospelcoalition.org/kevindeyoung/2016/09/08/what-does-the-bible-say-about-transgenderism.

13. En este punto, a menudo surge la pregunta sobre las personas intersexuales. Encontrarás la respuesta a esta pregunta en la página 160.

(cromosomas, anatomía) están acompañadas por diferencias generales en las fortalezas relativas a ser hombre o mujer. Los hombros anchos de los hombres no son características accidentales, sino evidencia de la fuerza natural que los machos han sido diseñados para poseer de manera innata. Las caderas más anchas que poseen las mujeres para la maternidad hablan del diseño creacional que Dios tramó en la feminidad. El instinto de protección que a menudo los hombres pueden utilizar en un momento dado no es una característica evolutiva heredada de los cavernícolas depredadores, sino la forma en que Dios creó a los hombres. De la misma manera, las mujeres tienden a disfrutar de lo que a veces llamamos instintos "maternales", como la crianza.

No comprender, confundir o rechazar las categorías del Creador para la humanidad, no solo nos coloca en rebeldía contra el Creador y la creación, sino que también nos pone en desacuerdo con la forma en que cada uno de nosotros fue creado. Puesto que Dios hizo un mundo que era "bueno en gran manera", sin defectos, y puesto que el mundo incluía a seres humanos creados como hombres y a seres humanos creados como mujeres, esforzarse por ser diferente o incluso opuesto a como Dios nos creó nunca puede resultar en felicidad, proliferación y alegría, o cualquier cosa que eso prometa.

CÓMO PUEDE LA IGLESIA EXAGERAR

La iglesia a menudo ha entendido mal el género, tal como lo ha hecho la sociedad. Existen estereotipos poco útiles sobre el género, que pueden confundir a las personas que no se ajustan a ese estereotipo. Ser hombre, por ejemplo, no implica una pasión automática por el fútbol (¡no me interesa en absoluto el fútbol!); y ser mujer no exige una pasión automática por la cocina (conozco a muchas mujeres que no les gusta cocinar).

Cuando la sociedad atribuye estereotipos al género y al sexo, puede enviar fácilmente la señal de que cualquiera que no se ajusta a esos estereotipos, de alguna manera, no logra personificar la masculinidad o la feminidad. Considera a un niño de cinco años que prefiere jugar con muñecas. Con una visión hipermasculina, un padre podría pensar que su hijo muestra cualidades femeninas y se preguntará si su hijo es transgénero. (Algunos padres estarían temerosos de esto, otros serían muy rápidos para afirmarlo. Sin embargo, ambos están adoptando una base social para su visión de lo que es un "hombre" o una "mujer"). O piensa en una niña de siete años que prefiere jugar al fútbol en vez de ver películas de princesas de Disney. Con una visión hiperfemenina, un padre podría considerar que su hija está mostrando cualidades masculinas, y puede comenzar a preguntarse si su hija es transgénero.

Quizás esto sea tentador para los cristianos de esta generación, donde, por primera vez en la historia, se han hecho populares las cuestiones de identidad de género y la celebración de aquellos que buscan cambiar de género. En nuestra búsqueda por permanecer fieles al llamado de Dios como hombres y mujeres, es posible representar estereotipos extremos, de tal manera que provoque confusión, y creer erróneamente que el estándar o epítome de la masculinidad es la agresión, y que el estándar o epítome de la feminidad es la coquetería. Un hombre que cocina o una mujer que disfruta de ver fútbol no está traspasando normas de género inapropiadas; ni tampoco constituye una evidencia concreta de que una persona tenga problemas de identidad de género.

Los cristianos nunca deben dejar de obedecer todo lo que Dios dice sobre el género; pero del mismo modo, nunca deberían exagerar lo que Él dice. Cuando lo hacemos, confundimos lo que Dios realmente dice, y no tenemos derecho a quejarnos

cuando la gente malinterpreta lo que dice la Biblia o rechaza la
enseñanza bíblica junto con las normas culturales que nosotros
mismos hemos planteado al mismo nivel de autoridad que la
Palabra de Dios. Dicho de otra manera: si tú, como padre, te
preocupas tanto por las destrezas deportivas de tu hijo como
por su amor sacrificial por el prójimo, eso sugiere que tienes
una visión más cultural que bíblica de la masculinidad.

IGUALES Y DIFERENTES

Los hombres y las mujeres son diferentes. Nuestras diferencias se extienden a los niveles más profundos de nuestro ser:
cromosomas, cerebro, voz, forma corporal, fortaleza corporal
y sistema reproductivo. La manera en que nuestro cuerpo ha
sido diseñado y para lo cual ha sido destinado es diferente. El
diseño de nuestro cuerpo atestigua la diferencia que refleja la
voluntad creadora de Dios para el ser humano.

Por favor, escúchame con atención: que los hombres y las
mujeres sean diferentes no influye para nada en el valor, la dignidad y el respeto que cada uno se merece. Dios hizo a hombres
y mujeres diferentes en función e iguales en valor. El llamado de
un hombre a liderar y proteger no es mejor, no es más virtuoso
ni más importante que el designio de la mujer para la maternidad y la crianza. En ambos casos, los hombres y las mujeres
están llamados a someterse alegremente a la vocación específica
de Dios para cada uno respectivamente.

Podemos resumir el diseño de Dios para los hombres y las
mujeres de esta manera: *iguales y diferentes; diseñados intencionadamente, no intercambiables.* Para muchos, aceptar eso no
es difícil en absoluto. Para algunos es profundamente, incluso
extremadamente, difícil.

Sin embargo, ¿por qué importa esta diferencia? Porque

fuimos hechos para complementarnos el uno al otro a fin de cumplir con la tarea que Dios nos encomendó en el mundo:

> Y los bendijo Dios, y les dijo: Fructificad y multiplicaos; llenad la tierra, y sojuzgadla, y señoread en los peces del mar, en las aves de los cielos, y en todas las bestias que se mueven sobre la tierra (Génesis 1:28).

La misión dada a la humanidad en general es gobernar el mundo, y una parte crucial de esto es ser fructífero y multiplicarse. En esto, los hombres y las mujeres se complementan entre sí y se necesitan mutuamente. Esto se ve ante todo en la forma en que nos reproducimos, pero no se limita a eso. Podemos ver cómo los hombres y las mujeres se necesitan unos a otros en términos de las características que cada género muestra en particular. Esta es una de las contribuciones sumamente útiles del feminismo antiguo: señalar que las "cualidades femeninas" son tan necesarias y útiles para la proliferación humana como las masculinas. Esta no es una idea nueva, la encontramos precisamente allí, en los primeros dos capítulos de Génesis; pero es una verdad que con demasiada frecuencia la Iglesia de todos los tiempos ha ignorado, confundido o incluso negado por completo.

El cristianismo no separa el género del sexo, porque según la Biblia, la única manera como Dios creó nuestro cuerpo está ligada a nuestros roles de género. El diseño del ser humano está ligado a la misión del ser humano. Para traer más niños al mundo, el hombre y la mujer se necesitan mutuamente. Para que un niño conozca los aspectos únicos de la paternidad y la maternidad, necesita conocer tanto a un padre como a una madre.

Es posible que hayas escuchado a alguien decir: "Ella lo complementa muy bien" o "esos colores realmente complementan el diseño de tal habitación". ¿Qué significa eso? Significa que sin un elemento distintivo y diferente, necesario para su debida realización, algo o alguien están incompletos. Significa que si nos falta algo esencial para prosperar, nunca experimentaremos el máximo potencial para el que Dios nos ha dotado. Esto no significa que una persona que nunca se case, en cierto sentido, está incompleta; sino que para que la raza humana prolifere (de hecho, incluso para sobrevivir), se necesitan hombres y mujeres. A partir de esto, podemos decir que los hombres y las mujeres encajan perfectamente. Se necesitan el uno al otro. Estamos hechos, literalmente, para encajar uno con el otro. Piensa en el piso machihembrado. Por sí solos, cada uno de los listones de madera no podría ensamblarse para cubrir todo un piso. Sin embargo, si encajas cada listón con el otro, cubrirás (dependiendo de tu nivel de destreza para el bricolaje) un piso completo, dado que cada pieza está diseñada para necesitar de la otra.

JESÚS Y LA IDENTIDAD DE GÉNERO

Esto es lo que he dicho hasta ahora...

- Dios creó al ser humano a su imagen: estamos diseñados intencionadamente.
- Dios creó al ser humano con una silueta masculina y una femenina; no somos intercambiables.
- Dios creó al ser humano de tal manera que el hombre y la mujer fueron creados el uno para el otro; cada uno fue hecho para complementar al otro.
- Todo esto fue parte del diseño de Dios, que fue "bueno en gran manera".

Desde luego, nada de esto es lo que dice la narrativa cultural cada vez más predominante en la sociedad occidental. Y cada vez más, encontramos nuestro sentido del valor humano y lo que significa ser humano sin hacer referencia al Génesis y a haber sido creados por Dios (aunque resulta fastidiosamente difícil para las personas encontrarlo en otro lugar).

Dios nos creó con la libertad de rechazar su diseño. No obstante, para terminar este capítulo vale la pena señalar que cuando alguien rechaza este diseño, no está rechazando simplemente un texto de hace miles de años.

Está rechazando a Jesús.

En el Nuevo Testamento, Jesús afirma este relato de la creación que se encuentra en Génesis. Esto es lo que dijo sobre el ser humano, durante un debate sobre la naturaleza y la duración del matrimonio:

> Él, respondiendo, les dijo: ¿No habéis leído que el que los hizo al principio, varón y hembra los hizo, y dijo: Por esto el hombre dejará padre y madre, y se unirá a su mujer, y los dos serán una sola carne? Así que no son ya más dos, sino una sola carne; por tanto, lo que Dios juntó, no lo separe el hombre (Mateo 19:4-6).

Jesús está repitiendo el patrón de Génesis acerca de cómo Dios diseñó al hombre y a la mujer. Está citando Génesis 2 como verdadero y correcto. No pases por alto lo que Jesús declara aquí:

1. Somos personas creadas.
2. Somos creados varón y hembra.

3. Un hombre es alguien que puede convertirse en una sola carne —tener una relación sexual plena— con una mujer, y una mujer es alguien que puede convertirse en una sola carne con un hombre.

4. Lo que Dios hace, la gente no debería tratar de deshacer.

Desde luego que esto no es todo lo que dijo Jesús y mostró sobre lo que significa ser parte de la raza humana, y ser un hombre o una mujer. Jesús dijo mucho más que eso, pero tampoco dijo menos que eso. Aunque lo puso en conflicto con algunas de las visiones culturales imperantes de la Palestina del primer siglo, Jesús enseñó que Génesis 1 al 2 es el diseño de Dios. Podemos ignorar Génesis 1 al 2 solo si ignoramos a Jesús.

NO HAY NECESIDAD DE AVERGONZARSE

Antes que el pecado entrara en la historia, en el capítulo 3 de Génesis, el hombre y la mujer estaban en paz consigo mismos, entre ellos y con su Creador. Ambos estaban viviendo en concordancia con y como parte del diseño de Dios, y era genial:

Y estaban ambos desnudos, Adán y su mujer, y no se avergonzaban (Génesis 2:25).

Imagina esto: un mundo donde todos estén a gusto con quiénes son y con cómo fueron creados, y se sientan bien con cómo se ven, en lugar de avergonzarse o sentirse incómodos o profundamente perturbados al respecto; donde las personas puedan confiar completamente en quienes los rodean y puedan abrirse con ellas. Ese sería un mundo maravilloso. Ese es el mundo al que, de una forma u otra, muchas personas que se sientan en ambos lados del debate transgénero (o en medio de él) están tratando de aferrarse o están tratando de redescubrir o crear.

Sin embargo, no es posible, porque no es el mundo en el que vivimos.

Algo le pasó al diseño.

6

BELLEZA Y CORRUPCIÓN

Al finalizar el capítulo anterior, quedamos en que Adán y Eva estaban desnudos y no tenían vergüenza. Vivían en perfecta armonía el uno con el otro y con Dios.

Si la historia hubiera terminado ahí, no habría sido necesario escribir el libro que tienes en tus manos. Sin embargo, la historia no terminó en Génesis 2 con la imagen de Adán y Eva "felices para siempre". El paraíso no siguió siendo un paraíso.

La historia dio un giro: el capítulo de la historia que a menudo se denomina "la caída".

Adán y Eva pecaron. Dios había ordenado a Adán y Eva no comer de uno de los árboles. Eran libres de comer de todos los demás (Génesis 2:15-17).

Sin embargo, Satanás le ofreció a Eva el camino de su propia elección, con la promesa de obtener deleite y conocimiento. La elección tenía un poder seductor mucho antes de que se inventaran las compañías de publicidad modernas. La serpiente presenta la autoridad de Dios de manera restrictiva, injusta y mezquina: "sabe Dios que el día que comáis de él, serán abiertos vuestros ojos, y seréis como Dios, sabiendo el bien y el mal" (3:5).

Y entonces Eva comió del árbol cuyo fruto Dios le había ordenado no comer. Por supuesto, en ese momento, no parecía haber elegido el camino equivocado, ¿qué tenía de malo aceptar la oferta de deleite y conocimiento? Eva había visto que "el árbol era bueno para comer, y que era agradable a los ojos, y árbol codiciable para alcanzar la sabiduría" (v. 6). Su decisión fue un cálculo lógico y razonable, respaldada por lo que sus sentimientos le decían. ¿Cómo podía estar mal cuando parecía bueno, se veía delicioso y parecía sabio? Especialmente, cuando su esposo estuvo de acuerdo y compartió el fruto con ella.

¿No es esa nuestra historia también? No tomamos nuestras decisiones y rechazamos lo que Dios dice como hacen los rebeldes. En realidad, nos consideramos dueños y señores de nosotros mismos. ¿Qué podría estar tan mal?

Este es el drama de Génesis 3: el rechazo al gobierno de Dios. Rechazaron el papel de embajadores reales de Dios destinados a gobernar sobre la creación en relación con Él y, en cambio, emprendieron su propio camino. *Pueden ser como Dios en su propia vida* —les dijo Satanás a los primeros seres humanos—. *Pueden tener autoridad. Saber qué es lo mejor. No pueden confiar en Dios, sino en ustedes mismos.* Y los seres humanos dijeron: *Sí.*

SU HISTORIA Y NUESTRA HISTORIA

Al tomar el fruto que representaba la autoridad para gobernar, Adán y Eva negaron la autoridad de Dios, dudaron del conocimiento de Dios y cuestionaron la bondad amorosa de Dios. Tomaron el manto de su propia autoridad; consideraron que su conocimiento era perfecto y confiaron plenamente en sí mismos. Querían establecer las reglas por sí mismos y reestructurar el mundo para adaptarlo a una nueva narrativa, una en la que ellos se sentaban en el trono de sus vidas y decidían qué era lo correcto y lo incorrecto. Este no fue solo un error accidental; la decisión de Eva fue la elección de un señorío alternativo. Por eso el acto en apariencia inocente de comer del árbol equivocado puso a toda la creación en una espiral hacia la muerte. Y por eso comer ese fruto fue un acto de traición.

Sin embargo, la historia de la Biblia no pertenece solo al pasado. Está en tiempo presente. Lo que ocurrió en el huerto ha llegado a ti y a mí:

> No hay justo, ni aun uno; no hay quien entienda, no hay quien busque a Dios... No hay quien haga lo bueno, no hay ni siquiera uno... No hay temor de Dios delante de sus ojos (Romanos 3:10-11, 12, 18).

La historia de Adán y Eva es mi historia. La historia de Adán y Eva es tu historia.

No podemos juzgar a Adán y Eva, porque cada día elegimos lo mismo que ellos: empujar a Dios del trono y sentarnos allí. Y, quienquiera que seas, no puedes señalar con el dedo a nadie que no esté de acuerdo contigo en cuestiones referidas a la identidad de género. ¿Por qué? Porque todos habitamos una creación corrompida por el pecado, y todos contribuimos a su corrupción con nuestras propias elecciones pecaminosas. Todos pecamos de manera diferente, pero todos pecamos y todos somos iguales en nuestro pecado.

Esta es nuestra historia. Y Génesis 3 es una historia que no tiene un final feliz. En el versículo 7, tan pronto como comieron el fruto, Adán y Eva comienzan a descubrir que su decisión no les ha traído mucho conocimiento sino vergüenza:

Entonces fueron abiertos los ojos de ambos, y conocieron que estaban desnudos; entonces cosieron hojas de higuera, y se hicieron delantales.

El primer resultado del rechazo a Dios es que estas personas primitivas se avergonzaron de su cuerpo y se sintieron incómodos con él. Esa fue su primera experiencia de vivir en un mundo que era bello gracias a su Creador, pero que ahora se había corrompido como consecuencia de su pecado. La primera experiencia, pero de ninguna manera la única ni la peor.

UN ESCENARIO CORROMPIDO

La humanidad fue el punto culminante de la creación. Así que no debería sorprendernos que su rebelión afectara a toda la creación:

Y [Dios] al hombre dijo: Por cuanto obedeciste a la voz de tu mujer, y comiste del árbol de que te mandé diciendo: No comerás de él; maldita será la tierra por tu causa; con dolor comerás de ella todos los días de tu vida. Espinos y cardos te producirá, y comerás plantas del campo. Con el sudor de tu rostro comerás el pan hasta que vuelvas a la tierra, porque de ella fuiste tomado; pues polvo eres, y al polvo volverás (Génesis 3:17-19).

La descripción que hace la Biblia sobre los efectos del pecado en el mundo es catastrófica y detallada. La creación está corrompida. El huerto del Edén era un lugar donde el trabajo era duro, pero gratificante, puesto que en la tierra crecían árboles agradables a la vista y buenos para disfrutar, de los cuales podían comer libremente. El mundo maldito es un lugar lleno de espinas y cardos, donde el trabajo es frustrante y, a veces, fútil. Inundaciones, tornados y huracanes son el resultado de un mundo al que la humanidad lanzó al caos. Elegimos sentarnos en el trono de Dios, pero no podemos gobernar su creación. La humanidad está corrompida. Somos polvo, débiles y falibles. Cáncer. Depresión. Trastornos alimenticios. Enfermedades del corazón. Disforia de género. Cada una de estas dolorosas realidades es evidencia de una creación corrompida. Y eso sin mencionar el dolor causado por las fallas morales, ya sea a escala global (el Holocausto) o familiar (violencia doméstica, abandono).

Los seres humanos mueren. La paga del pecado es muerte (Romanos 6:23). Volveremos al polvo del que fuimos tomados, y esa realidad eclipsa nuestras vidas al dar un sentido de futilidad a todos nuestros esfuerzos y al burlarse de todos nuestros logros y posesiones. Y enfrentamos una eternidad fuera del Edén, fuera de la perfección de la presencia de Dios. Esta es la peor consecuencia de nuestro pecado.

Somos actores corrompidos, que viven en un escenario corrompido, y no estaremos en el escenario por mucho tiempo.

Para pensar en la disforia de género o el transgenerismo de una manera que escucha con atención y humildad a Dios, tenemos que permitirle decirnos que este mundo no es como debía ser y por qué no lo es. Y tenemos que entender que los efectos de la caída no solo están a nuestro alrededor, sino también en nosotros. Eso va a ser muy difícil, pero a medida que sigas leyendo, verás que terminaremos este capítulo con una promesa de esperanza, y que el próximo capítulo (y el resto del libro) habla de esa esperanza. Este capítulo no es el último del libro y la caída no es el final de nuestra historia.

¿QUÉ LE SUCEDIÓ A NUESTRO CORAZÓN?

Amados, yo os ruego como a extranjeros y peregrinos,
que os abstengáis de los deseos carnales que batallan
contra el alma (1 Pedro 2:11).

Dentro de cada corazón, hay una guerra; y el corazón es tanto
la víctima como el culpable. ¿Por qué? Porque en el corazón
de cada persona habitan y germinan los deseos pecaminosos.
Dentro del corazón hay una lucha continua en la cual los deseos
carnales batallan contra nuestra conciencia.

Amargura. Enojo. Envidia. Codicia. No podemos confiar
en nuestros sentimientos o en todas las pasiones que residen
dentro de nosotros por el solo hecho de sentir. Nuestro corazón
no es puro, lejos está de serlo:

Engañoso es el corazón más que todas las cosas, y per-
verso; ¿quién lo conocerá? (Jeremías 17:9).

La naturaleza del engaño es convencernos de que nuestro corazón no estará satisfecho a menos que disfrutemos de lo que este
desea; pero nuestro corazón nos engaña de innumerables maneras. La envidia nos roba nuestra alegría y satisfacción, malogra
amistades y puede conducir al compromiso de la moralidad con
tal de "abrirse camino". La envidia no produce prosperidad o
alegría en el ser humano. Envidiar a otros solo provoca desdicha
para ti y para los demás; pero ninguno de nosotros piensa de
esta manera cuando aflora la envidia. En el momento, el enojo
y la amargura de la envidia mitigan la sensación de pérdida y
celos que reside dentro de cada uno de nosotros.

No debemos complacer todos los impulsos que experimentamos. Deberíamos sospechar cuando "escuchamos a nuestro corazón". En realidad, todos sabemos que esto es cierto. Las cárceles

están llenas de personas que actuaron según sus sentimientos y a quienes la sociedad les dijo que no deberían hacerlo. Cada vez que un terapeuta le recomienda a un paciente que se vea a sí mismo de manera más positiva, está aceptando que hay sentimientos que no ayudan a la realización del individuo. Los deseos de nuestro corazón pueden estar batallando contra lo que es realmente bueno para nuestro corazón. La verdadera pregunta es: ¿qué deseos deberíamos alimentar y cuáles deberíamos apagar?

¿Qué tiene esto que ver con el transgenerismo? De la misma manera que los deseos caídos se infiltran en el corazón de todos nosotros, las personas con disforia de género experimentan sentimientos reales de angustia por su identidad de género. Estas son experiencias auténticas, donde el deseo de su corazón les está diciendo una cosa sobre sí mismos mientras que su cuerpo les está diciendo otra cosa. Nadie debería restarle importancia, menospreciarlo o bromear al respecto. Sentirse así es experimentar un dolor real y profundo.

Sin embargo, experimentar ese sentimiento no significa que alimentarlo y complacerlo sea lo mejor o lo más correcto. El impulso de vivir una identidad contraria a nuestro sexo biológico es complacer los deseos caídos que nuestro corazón cree que nos traerán paz. No obstante, el anhelo interno de tener paz no nos habilita a traspasar las barreras de las limitaciones humanas o rechazar la forma en que fuimos creados. Es un hecho poco reportado que las personas que se someten a una cirugía de reasignación sexual, estadísticamente, no informan niveles más altos de felicidad después de la cirugía.[14] Es decir, actuar conforme al deseo de vivir como el género opuesto al sexo biológico no trae paz al corazón. Esto concuerda con el

---

14. Paul McHugh, "Transgender Surgery Isn't the Solution", *Wall Street Journal*, 13 de mayo, 2016, http://www.wsj.com/articles/paul-mchugh-transgender-surgery-isnt-the-solution-1402615120.

punto de vista de "Génesis 1—3", porque la Biblia dice que aceptar un deseo contrario al diseño del Creador nunca traerá la felicidad plena. La pasión por vivir como un miembro del sexo opuesto no se satisface solo con una cirugía para modificar el cuerpo. Hay cuestiones más profundas en juego que la transformación externa, física y cosmética.

LA DISFORIA DE GÉNERO NO ES PECAMINOSO

Es importante pausar aquí para hacer una distinción muy clara entre experimentar un sentimiento y actuar conforme a tal sentimiento. Volvamos a Eva en el Edén al comienzo de Génesis 3. Eva no pecó cuando Satanás le habló para tentarla, cuando vio la belleza del fruto o cuando sintió que era deseable. Pecó cuando fue más allá de observar la belleza del fruto, obedeció su razón y sus sentimientos opuestos a la palabra de Dios, y lo tomó y comió.

De la misma manera, las personas que experimentan disforia de género no están pecando cuando atraviesan tales experiencias. Sentir que tu cuerpo pertenece a un sexo y que tu ser es de un género diferente no es pecaminoso. En ninguna parte la Biblia clasifica la angustia psicológica involuntaria como pecaminosa en sí misma. Esta experiencia es una señal de que cada corazón está tan corrompido por el pecado como la creación que nos rodea. La razón por la que cualquier persona experimenta alguna dolencia física o un estado o percepción psicológica que va en contra de las intenciones creativas de Dios, es porque la creación misma ha caído. Entonces, por ejemplo, aunque tener cáncer o depresión —o experimentar disforia de género— no es pecaminoso, estas experiencias ocurren porque vivimos en un mundo corrompido por el pecado.

No obstante, permitir que ese sentimiento nos gobierne: alimentar ese sentimiento de tal modo que se convierta en la forma en que te ves a ti mismo, te identificas y actúas, es pecaminoso, porque eso es decidir que tus sentimientos tendrán autoridad sobre ti y definirán lo que está bien y lo que está mal. Es actuar de la misma manera que Adán y Eva cuando comieron del árbol.

PIÉNSALO DETENIDAMENTE

Cuando nuestro corazón se endurece, cuando decidimos no amar a Dios o tratarlo como a Dios, nuestra mente también se ve afectada. Es decir, no solo nuestros sentimientos y nuestros deseos, sino también nuestra lógica y nuestra razón se ven afectadas por el pecado. Al hablar de la diferencia de vivir bajo la autoridad de Dios en lugar de vivir como lo hacen aquellos que rechazan el gobierno Dios ("los gentiles"), Pablo dice:

> Esto, pues, digo y requiero en el Señor: que ya no andéis como los otros gentiles, que andan en la vanidad de su mente, teniendo el entendimiento entenebrecido, ajenos de la vida de Dios por la ignorancia que en ellos hay, por la dureza de su corazón (Efesios 4:17-18).

Sin Dios en escena, nuestra razón es limitada. Podemos pensar de manera brillante, pero no necesariamente con la verdad. Nuestra razón es defectuosa, porque deja fuera al Creador cuando tratamos de entender a su creación y a nosotros mismos como criaturas portadoras de su imagen. Buscamos a ciegas respuestas que no podemos encontrar; es como andar a tientas en la oscuridad en medio de la noche para tratar de encontrar el interruptor de la luz en una habitación sin interruptores.

En cierto sentido, el corazón y la mente trabajan en conjunto. Nuestro corazón puede sentir un impulso o atracción o deseo hacia una cosa, pero nuestra mente puede saber que no debemos actuar conforme a tal atracción o deseo. Asimismo, nuestra mente a menudo busca justificar las decisiones de nuestro corazón. Esto explica por qué individuos como el erudito ateo Richard Dawkins pueden ser muy inteligentes, pero muy ciegos, porque están utilizando su astucia al servicio de su determinación de rechazar a Dios. Su lógica es seguir la decisión de su corazón de ser duro con Dios.

Nuestra mente importa en el debate transgénero, porque es la mente la que procesa las experiencias de aquellos que sufren disforia de género. Si lo prefieres, nuestra mente le comunica a nuestro corazón si nuestros sentimientos son razonables. Sin embargo, al igual que con nuestros deseos, en un mundo corrompido por el pecado no podemos saber con seguridad si el razonamiento de nuestra mente es válido. No es intrínsecamente más razonable seguir los sentimientos de tu corazón que rechazarlos.

¿PUEDE UN HOMBRE CAMBIAR SU ESTATURA?

Vale la pena seguir la lógica que se utiliza para validar la opinión de que lo que siento acerca de quién soy debería triunfar sobre lo que dice mi cuerpo acerca de quién soy. Un video viral de 2016 muestra a un joven caucásico de unos treinta años, que entrevista a estudiantes de una universidad estadounidense para demostrar el peligro de llevar las implicaciones de la ideología transgénero a sus conclusiones lógicas.[15] Primero les pregunta a varios estudiantes cómo le responderían si les dijera que él es una mujer. Las respuestas incluyen:

"Me alegro por ti".

"Yo estaría como, ¿qué? ¿De veras?".

---

15. Family Policy Institute of Washington, "College Kids Say the Darndest Things", 13 de abril, 2016. Disponible en http://www.youtube.com/watch?v=xfO1veFs6Ho.

"Me parece bien".

Después les pregunta cómo le responderían si les dijera que es chino...

"Puede que me sorprenda un poco, pero diría: '¡Me alegro por ti!'. Sí, sé tú mismo".

"Tal vez pensaría que tienes algún antepasado chino".

"Bueno, tendría muchas preguntas... es que por tu imagen externa creería que eres un hombre blanco".

Las siguientes preguntas apuntan a si los estudiantes estarían contentos con el entrevistador si este afirmara tener siete años de edad y quisiera inscribirse en una clase para alumnos de siete años o una clase de primer grado. Esta vez, hay más dudas entre los estudiantes. Las respuestas incluyen:

"Probablemente no lo creería, pero, la verdad es que no me molestaría tanto [como para] apresurarme a decirte: 'No, estás equivocado'. Simplemente, sería como: 'Oh, parece que quieres volver a tener siete años'".

"Si en el fondo de tu corazón te sientes de siete años, que así sea... me alegro por ti".

"Si mentalmente sientes que deberías estar allí [primer grado], adelante; creo que hay comunidades que te aceptarían".

"Diría, siempre y cuando no estés obstaculizando a la sociedad y no estés causando daño a otras personas, creo que no estaría mal que [asistieras a primer grado]".

Por último, el entrevistador les pregunta a los mismos estudiantes qué dirían si él afirmara medir dos metros de alto, unos veinticinco centímetros más de lo que parece ser.

ESTUDIANTE UNO: (Sin respuesta)

ESTUDIANTE DOS: Lo cuestionaría.

ENTREVISTADOR: ¿Por qué?

ESTUDIANTE DOS: Porque no es así. No, no creo que midas dos metros de alto.

ESTUDIANTE TRES: Si realmente crees que mides dos metros, no creo que sea dañino. Creo que está bien si lo crees. No me importa si piensas que eres más alto de lo que realmente eres.

ENTREVISTADOR: Entonces, ¿estarías dispuesto a decirme que estoy equivocado?

ESTUDIANTE TRES: No, no te diría que estás equivocado.

ESTUDIANTE UNO: No, pero diría que, bueno, no creo que midas tanto.

ESTUDIANTE CUATRO: Creo que no estoy en la posición, como otro ser humano, de decir que alguien está equivocado o de poner límites.

ESTUDIANTE CINCO: No, es decir, no diría: "Oh, estás equivocado", como que está mal creer eso; porque, insisto, realmente no me molesta lo que quieras pensar de tu estatura o de cualquier otra cosa.

ENTREVISTADOR: ¿Entonces podría ser una mujer china?

ESTUDIANTE DOS: Bueno... seguro.

ENTREVISTADOR: Pero ¿no puedo ser una mujer china de dos metros?

ESTUDIANTE SEIS: Sí.

ESTUDIANTE SIETE: Si me dieras un buen argumento

o me explicaras por qué crees que mides dos metros, bueno, creo que estaría dispuesto a admitir que mides dos metros o que eres chino o una mujer.

Decidir que el único curso de acción razonable es afirmar cada opinión que tiene una persona sobre su identidad propia es un callejón sin salida que lleva a la ridiculez. Peor aún, es peligroso. En el debate transgénero, el argumento es que debemos aceptar la afirmación de que un hombre que se identifica como mujer es realmente una mujer. Sin embargo, pensémoslo al revés en un ejemplo diferente: ¿sería bueno decirle a alguien que sufre de anorexia que su autopercepción de tener sobrepeso es correcta simplemente porque así es como se percibe a sí mismo? ¿O sería bueno decirle a alguien que siente que su vida no vale la pena y que piensa que esos sentimientos son razonables, que debe actuar de acuerdo con lo que le dice su corazón y su mente? En absoluto. Eso sería crueldad, no bondad.

COMO ESTAMOS HECHOS

Hay un aspecto personal adicional, de vivir en un mundo corrompido por el pecado, que debemos considerar:

> A la mujer [Dios] dijo: Multiplicaré en gran manera los dolores en tus preñeces; con dolor darás a luz los hijos... Y al hombre dijo... polvo eres, y al polvo volverás (Génesis 3:16, 17, 19).

El dolor físico es parte de la vida desde que venimos a este mundo al momento del parto. Y desde el nacimiento en adelante, emprendemos el lento viaje de regreso a aquello de lo que estamos hechos: polvo. Entre el nacimiento y la muerte, nadie disfruta de un cuerpo que funciona como desearía que funcione y como debería ser. La forma en que estamos hechos no es más inmune a los efectos de la caída que la forma de sentir de nuestro corazón o la forma de razonar de nuestra mente. Esto significa que aunque argumentar "nací así" puede sonar convincente, al final no es un argumento decisivo. Todos poseemos características que siempre hemos tenido y que nosotros mismos desearíamos poder cambiar, o que nuestra sociedad, nuestra familia o algunos de nuestros amigos nos dicen que deberíamos desear cambiar. De una forma u otra, todos "nacemos así"; pero nacemos así en un cuerpo corrompido. Las personas nacen con todo tipo de predisposiciones que no producen alegría e integridad. La manera en que nací aún requiere una evaluación para determinar si esa "manera" es positiva y merece manifestarse, aceptarse y vivirse; o es negativa y debe rechazarse, controlarse o tratarse. Si nazco con una predisposición a la agresividad, la cultura occidental no me diría: "Adelante, naciste así, no hay nada que puedas hacer al respecto" (aunque muchas sociedades de hace dos mil años bien podrían haberlo hecho). "Sea como sea que hayamos nacido" debemos evaluarlo a la luz de las Escrituras.

Lo mismo sucede con las personas que experimentan disforia de género. Una destacada teoría sobre lo que "causa" la disforia de género es lo que se llama teoría del sexo cerebral. Este concepto establece que las personas con disforia de género tienen una estructura cerebral que imita la estructura cerebral del sexo opuesto. La evidencia de esta teoría no es concluyente, sin embargo, y significa que actualmente no hay una causa conocida para la disforia de género. De modo que, en el mejor de los casos, es una hipótesis. Sin embargo, nuestro cuerpo está corrompido: no nacemos necesariamente de la manera que hemos sido destinados a vivir.

EL DISEÑO PERSISTE

Entonces, ¿cómo deberíamos pensar sobre la fluidez de género y el transgenerismo? El sentimiento o la experiencia de la disforia de género no constituye un pecado, pero está corrompido; entonces, actuar de acuerdo a la propia disforia sí es pecaminoso. Además, el acto está condenado al fracaso. Incluso en un mundo conforme a Génesis 3, el diseño de Génesis 1 aún persiste. Dios no ha renunciado a su creación y no nos permite destruir su diseño. Independientemente de las percepciones y los deseos que experimentemos en nuestro interior, existe un orden objetivo que nuestra biología atestigua.

Entonces, cuando Adán y Eva se vieron como dioses en lugar de seres humanos y actuaron como el Creador en lugar de criaturas, Dios no les permitió obtener lo que querían en su totalidad. No dejaron de ser criaturas bajo el gobierno de Dios solo porque habían decidido no seguir viviendo de esa manera. No se volvieron divinos ni autónomos. Eso estaba fuera de su alcance.

Podemos vernos como hombres en lugar de mujeres, o como seres humanos sin género y no como seres humanos con género; pero Dios no lo permite. No podemos hacerlo. Podemos cambiar nuestra forma, pero no podemos cambiar nuestro formato. A decir verdad, no hay tal cosa como "transgénero", porque no puedes cambiar de género. La palabra existe, pero no la realidad que trata de describir.

Como dice Paul McHugh:

> Los hombres transgénero no se convierten en mujeres, ni las mujeres transgénero se convierten en hombres. Todos (incluido Bruce Jenner) se convierten en hombres feminizados o mujeres masculinizadas,

falsificaciones o imitadores del sexo con el que se "identifican".[16]

Muchos se indignarían con esa afirmación, por lo que vale la pena señalar que Paul McHugh es uno de los psiquiatras más prestigiosos de nuestro tiempo. Se desempeña como Profesor Benemérito de Psiquiatría de la Universidad de Medicina Johns Hopkins y es expsiquiatra en jefe del Hospital Johns Hopkins. Estas son sus observaciones sobre cómo evaluar el movimiento transgénero:

De hecho, la disforia de género —el término psiquiátrico oficial para designar al que se siente del sexo opuesto— pertenece a la familia de suposiciones similarmente confusas sobre el cuerpo, como la anorexia nerviosa y el trastorno dismórfico corporal. Su tratamiento no debería estar dirigido al cuerpo con cirugía y hormonas, así como no se trata con liposucción a los pacientes anoréxicos con temor a la obesidad. El tratamiento debería concentrarse en corregir la naturaleza falsa y problemática de la suposición y resolver los conflictos psicosociales que la provocan".[17]

Como escribió el autor Tony Reinke:

Los cromosomas no pueden rediseñarse, eliminarse o borrarse del software de nuestro cuerpo. Es posible que una "mujer trans" "pase" por una mujer en la calle, a nivel visual, pero no es posible que un hombre se transforme en una mujer biológica, con todas las experiencias

---

16. "Transgenderism: A Pathogenic Meme", *The Public Discourse*, 10 de junio, 2015, http://www.thepublicdiscourse.com/2015/06/15145.

17. Ibíd.

y funciones de la feminidad natural. La narrativa biológica no existe. Si bien los avances médicos hacen posible
suprimir o cambiar algunas apariencias externas de nuestro cuerpo, y cambiar nuestros patrones de habla y ves-
timenta, no es posible arrasar por completo con nuestro
cuerpo y reconstruirlo sin tener acceso directo a todas
las experiencias formativas esenciales que hacen que la
expresión sexual biológica y el género sean auténticos.
Una "mujer trans" puede dejarse crecer el cabello,
usar zapatos de tacones e inyectarse estrógeno en su
cuerpo. Y un "hombre trans" puede cortarse el cabello
e inyectarse testosterona en su cuerpo. Todo esto es
ejercer presión contra el software interno del cuerpo.
Incapaces de descodificarnos a nosotros mismos de la
genética de nuestra composición física, solo nos queda
reajustar la estética anatómica y forzarnos en una dirección que va en contra de la naturaleza.[18]

Esta es una imagen sombría de la humanidad y el mundo, cada
parte de la cual está marcada y desfigurada por el pecado. Es
difícil de leer si tú o un ser querido están experimentando disforia de género, o están en medio del tratamiento hormonal, o
a punto de hacerse una cirugía, o ya lo han hecho. En realidad,
debería ser difícil de leer para *todos* nosotros, porque todos
sufrimos al vivir en un mundo caído, y todos contribuimos a
su caída. Todos pecamos. La transición es *un* pecado, pero no
es *el* pecado; no es peor que la lujuria, el adulterio, la envidia,
la avaricia y todos esos otros pecados que los muchachos heterosexuales de clase media intentan justificar o de los que tratan

---

18. "All of Us Sinners, None of Us Freaks: Christian Convictions for the Transgender
Age", *Desiring God*, 6 de agosto, 2016. Disponible en: http://www.desiringgod.org/
articles/all-of-us-sinners-none-of-us-freaks.

de excusarse. Todos nos forzamos a ir en contra de la naturaleza cada vez que intentamos sentarnos en el trono de Dios.

La persona que se siente moralmente superior o incorrupta ante los pecados de los demás —incluidos aquellos que han seguido el camino transgénero— está alimentando un sentimiento que batalla contra su propia alma, no menos que la persona que desearía ser del sexo opuesto. Las palabras más fuertes de Jesús estaban reservadas para aquellos que se definían al compararse favorablemente con los demás y que sentían que su propia bondad era suficiente para merecer la aprobación de Dios.

NO ESTAMOS ABANDONADOS

Este es un mundo bello, pero también corrompido. Y está lleno de seres humanos capaces de cometer grandes aciertos y grandes errores; que pueden alcanzar grandes logros, pero que fundamentalmente son falibles. Nuestro corazón, nuestra mente y nuestro cuerpo son bellos y están corrompidos. Lo han estado desde que Adán y Eva decidieron por primera vez que serían mejores gobernadores de esta creación que su Creador.

Sin embargo, la corrupción esconde una esperanza. En el mismo capítulo donde la humanidad desciende a un abismo de pecado y corrupción, Dios anuncia de manera inspiradora la promesa de rescatar a los portadores de su imagen:

> Y Jehová Dios dijo a la serpiente:... Y pondré enemistad entre ti y la mujer, y entre tu simiente y la simiente suya; ésta te herirá en la cabeza, y tú le herirás en el calcañar (Génesis 3:14, 15).

Dios no nos deja abandonados en este mundo corrompido. Dios promete enviar a alguien para rescatarnos...

7

UN FUTURO MEJOR

Una edición de 2016 de la revista *Time* presentó un artículo de Jessi Hempel que narra la historia desgarradora de su hermano Evan, quien dio luz a un hijo.[19] La última oración puede haberte sorprendido. (Si no fue así, tal vez quieras volver a leerla, ¡un poco más lento!). La foto del artículo muestra lo que parece ser un hombre que está amamantando a un bebé. Titulado: "El embarazo de mi hermano y los albores de una nueva familia estadounidense", Hempel relata cómo su hermana se sometió a una transición de mujer a hombre a los 19 años; pero aun así quiso dar a luz, y lo hizo a los 35 años.

Ella describe la transición a la que se sometió su hermana hace tiempo atrás, la cual incluyó inyecciones de testosterona para aumentar su vello corporal. En ese momento, Evan decidió no someterse a una cirugía de extracción de los senos, para que, llegado el momento, pudiera "dar de mamar".

La historia no deja de admitir el dolor. Al recordar cuánto se parecían antes, Hempel lamenta la pérdida de la apariencia femenina de su hermana. Y en un momento, Hempel comenta

---

19. http://www.time.com/4475634/trans-man-pregnancy-evan/.

que mientras estaba embarazada, Evan experimentó una "desconexión traumática entre su masculinidad y los atributos femeninos de su cuerpo".

Ella plantea una pregunta que ayuda a encuadrar cómo los cristianos deberían comenzar a pensar sobre la revolución transgénero: "¿Qué pasa si naces con un cuerpo femenino, te sientes hombre, pero aun así quieres participar del ritual tradicionalmente exclusivo de la feminidad? ¿Qué clase de hombre eres entonces?".

Esa pregunta hace referencia a una búsqueda que todos conocemos: la búsqueda de propósito y satisfacción, una vida de equilibrio, sin angustia, enajenamiento o desconexión.

Es entendible que Evan suponga que solo podemos encontrar esas cosas si obedecemos lo que nos dictan nuestros sentimientos. Entendible, pero incorrecto, tal como lo descubrió Evan —según el artículo de Jessi— en su experiencia personal. Evan descubrió en la vida lo que vimos en el último capítulo: no eres libre de los efectos de la caída si tomas el camino de la caída en tu propia vida y tus decisiones.

¿Hay esperanza para individuos como Evan? ¿Pueden aquellos que enfrentan el mismo tipo de lucha encontrar plenitud y experimentar alivio psicológico, corporal y emocional? Dada la realidad de la caída, ¿hay buenas noticias para nosotros, independientemente de qué corrupción experimentemos cada uno, sea cual sea la identidad que adoptemos?

¡Sí!

El mensaje de la Biblia para la persona que lucha con problemas de identidad de género es el mismo que para la persona que lucha contra la envidia, la depresión o cualquier otra cosa:

De modo que si alguno está en Cristo, nueva criatura es; las cosas viejas pasaron; he aquí todas son hechas nuevas (2 Corintios 5:17).

Aquí está el ofrecimiento de Dios para cada uno de nosotros: *puedes ser una nueva criatura.* Ser una nueva criatura en Cristo no significa que el mundo en el que vivimos, o el cuerpo que habitamos o la mente con la que pensamos serán totalmente libres y completamente sanos. Ser una nueva criatura en Cristo es experimentar la promesa de lo que finalmente les espera a quienes depositan su confianza en Él: poder anticipar la certeza de un día venidero cuando el desorden de la creación vuelva a estar en orden, y cuando la disforia de cualquier tipo sea reemplazada por euforia de todo tipo. Ser una nueva criatura es saber por qué el mundo es como es, por qué nuestro cuerpo es como es y por qué nuestra mente piensa como piensa. Es estar lleno del poder del Espíritu Santo para vivir en relación con Dios. Una nueva criatura en Cristo reconoce que incluso en la mente corrompida, que vive en un cuerpo corrompido, que vive en un mundo corrompido, existe un diseño definitivo y claro "bueno en gran manera" de la creación.

Una nueva criatura ha dejado de pertenecer a este "viejo" mundo caído, incluso mientras vive en él, porque está caminando hacia la novedad total de un mundo nuevo y perfeccionado.

En el último capítulo vimos que la caída afecta a nuestro corazón, nuestra mente y nuestro cuerpo y, en este capítulo, veremos que el evangelio nos ofrece libertad y esperanza en cada una de esas áreas. De eso trata este capítulo.

A LA ESPERA DE LA LIBERTAD

Como vimos en el último capítulo, vivimos en una creación corrompida, desfigurada por el pecado. Sin embargo, para nuestro asombro, este no es el estado final de este mundo:

> Pues tengo por cierto que las aflicciones del tiempo presente no son comparables con la gloria venidera que en nosotros ha de manifestarse. Porque el anhelo ardiente de la creación es el aguardar la manifestación de los hijos de Dios. Porque la creación fue sujetada a vanidad, no por su propia voluntad, sino por causa del que la sujetó en esperanza; porque también la creación misma será libertada de la esclavitud de corrupción, a la libertad gloriosa de los hijos de Dios. Porque sabemos que toda la creación gime a una, y a una está con dolores de parto hasta ahora; y no sólo ella, sino que también nosotros mismos, que tenemos las primicias del Espíritu, nosotros también gemimos dentro de nosotros mismos, esperando la adopción, la redención de nuestro cuerpo. Porque en esperanza fuimos salvos; pero la esperanza que se ve, no es esperanza; porque lo que alguno ve, ¿a qué esperarlo? Pero si esperamos lo que no vemos, con paciencia lo aguardamos (Romanos 8:18-25).

"Redención" significa el acto de ser libertado. Es una liberación de la "esclavitud de corrupción". Al dirigirse a aquellos que son nuevas criaturas, que viven en esta creación corrompida, Pablo no pone el sufrimiento y la redención en total contraste. Ambos se experimentan simultáneamente, porque la redención es una promesa eterna que ha irrumpido en el presente, pero que aún no se ha cumplido en el presente. Un cristiano es libre de mirar más allá de todo lo que lo hace gemir de dolor, pero en este momento no está libre de aquello que lo hace gemir.

En este pasaje hay varias verdades muy importantes para alguien que experimenta disforia de género. Primero, nos recuerda que el mundo que nos rodea "gime". La sensación de trauma, enajenación e incomodidad que resulta de la disforia de género tiene una explicación: un mundo bajo la maldición del pecado.

Segundo, Romanos 8 nos enseña que "nosotros mismos" gemimos. Pablo está siendo más específico. No se trata solo de una idea abstracta de la "creación" que gime; sino que todos estamos sujetos a gemir porque no todo está bien dentro y alrededor de nosotros.

Tercero, estamos seguros de que nuestros gemidos no son eternos.

Tanto la creación de Dios como todos los que son una nueva criatura se dirigen hacia la esperanza y la gloria postreras. Hay una manera de gemir con esperanza, porque algún día seremos libertados. Esperamos la "redención de nuestro cuerpo" porque "la creación misma será libertada de la esclavitud de corrupción" y todo volverá a estar en orden. Hay un camino de regreso al Edén, a un mundo perfecto, que no es el lugar presente de la creación, sino hacia donde se dirige la creación. El curso de la historia se encamina hacia la esperanza.

La disforia de género es una lucha profunda y dolorosa que causa dolor, angustia y lágrimas; pero no es la única lucha. El mundo entero lucha; el mundo entero gime, de una forma u otra. La buena noticia del evangelio es que esos gemidos han sido escuchados y no necesitan continuar. Como hijos e hijas de Dios adoptados, la tortuosa desesperación por el mundo o por nosotros mismos se topa con la promesa de que algún día, algún día, Dios restaurará la creación. Entonces, no solo no habrá sentimientos de disforia, sino que también estarán erradicadas las condiciones que dan lugar a la disforia.

El evangelio no nos promete que experimentaremos esta libertad, esta sensación de plenitud y justicia en este tiempo presente. Estamos esperando, lo que significa que los individuos con disforia nunca podrán conocer una vida ajena a la disforia hasta que Dios restaure la creación. Puede que no la conozcan hasta que Cristo los lleve al cielo o regrese para traer el cielo a la tierra; pero la conocerán.

Por lo tanto, la Biblia reconoce el estado de este mundo, incluso en los momentos más profundos y más oscuros; pero también promete que no tendremos que seguir allí. Nos enseña a gemir, pero a gemir de esperanza, a reconocer la corrupción y a aferrarnos a la libertad que Dios nos ofrece.

UN CLARO PENSAMIENTO

Aunque la corrupción no se termina tan pronto como dejamos que nuestros gemidos nos lleven a la fe, el Espíritu de Dios comienza a cambiar nuestra forma de vivir y pensar en la corrupción. Una manera en que lo hace es trayendo claridad a nuestra mente:

> Porque los que son de la carne piensan en las cosas de
> la carne; pero los que son del Espíritu, en las cosas del
> Espíritu. Porque el ocuparse de la carne es muerte, pero
> el ocuparse del Espíritu es vida y paz (Romanos 8:5-6).

"La carne" es una forma de describir el funcionamiento del mundo, centrado en los deseos que experimentamos y practicamos. La fe en Cristo nos ofrece un camino diferente: experimentar el Espíritu de Dios que nos ayuda a vivir con nuestra mente puesta en sus "cosas": su verdad, su discernimiento y su sabiduría. Nuestros pensamientos ya no están alojados en los surcos de una mente caída.

Entonces, por ejemplo...

Porque sabemos que toda la creación gime a una, y a una está con dolores de parto hasta ahora; y no sólo ella, sino que también nosotros mismos, que tenemos las primicias del Espíritu, nosotros también gemimos dentro de nosotros mismos, esperando la adopción, la redención de nuestro cuerpo (vv. 22-23).

El Espíritu nos permite "conocer" la situación en la que se encuentran la creación y la humanidad. Él es quien nos ayuda a pensar: "Estoy gimiendo, pero también estoy esperando el momento cuando ya no gemiré". Nos enseña a ver nuestro cuerpo corrupto, pero valioso, y como parte de un diseño que no hemos trazado nosotros.

El Espíritu nos ayuda a ver lo que es verdadero, y que lo que es verdadero es bueno, así como nuestros sentimientos (o "la carne") nos dicen otra cosa.

En cierta manera, que nuestra mente reciba la influencia del Espíritu y esté puesta en Él puede hacer las cosas más difíciles, porque nos despierta a la realidad de que estamos inmersos en una batalla espiritual. Piénsalo (!): Si pudiera satisfacer mi lujuria, en lugar de luchar contra ella, la vida sería más fácil. Si pudiera dar rienda suelta a mi enojo, en lugar de tratar de combatirlo con amor y paciencia, la vida sería menos desgastante; pero también sería menos gratificante que vivir conforme al plan de Dios.

Con esta mente renovada, es posible evaluar correctamente nuestros propios sentimientos y las opiniones de nuestra cultura:

No os conforméis a este siglo, sino transformaos por medio de la renovación de vuestro entendimiento, para que comprobéis cuál sea la buena voluntad de Dios, agradable y perfecta (Romanos 12:2).

Dios renueva nuestro entendimiento. Ya nadie caerá preso de la idea de que podría ser posible que un hombre caucásico se convirtiera en una mujer china.

UN CAMBIO DE CORAZÓN

Además de renovar nuestra mente, el Espíritu cambia nuestro corazón. Seis siglos antes de la vida, la muerte y la resurrección de su Hijo, Dios lo había prometido como resultado de su venida:

Os daré corazón nuevo, y pondré espíritu nuevo dentro de vosotros; y quitaré de vuestra carne el corazón de piedra, y os daré un corazón de carne. Y pondré dentro de vosotros mi Espíritu, y haré que andéis en mis estatutos, y guardéis mis preceptos, y los pongáis por obra (Ezequiel 36:26-27).

Esta es la promesa de Dios sobre lo que sucede cuando alguien se convierte en cristiano (no lo que sucede en algún momento después que se convierte en cristiano).

Un "corazón de piedra" describe el corazón que ama más cualquier otra cosa que a Dios. Un "corazón de carne" es aquel que está vivo para Dios, que ama a Dios y que, por lo tanto, lo obedece, no por un sentido del deber, sino por el deseo profundo de hacerlo. (¡Confusamente, Jeremías usa la palabra "carne" de manera muy diferente a como lo hace Pablo!). Todavía es una lucha porque no somos perfectos, y todavía experimentamos nuestros viejos deseos; pero la diferencia crucial es que el "corazón de carne" ahora tiene el conocimiento de Dios como su mayor deseo, y complacerlo como su mayor objetivo. Nuestra identidad radica en ser de Dios. Es posible desear vivir como Dios quiere, por amor a Él, incluso cuando experimentamos otros sentimientos que nos sugieren vivir como Él no quiere.

Esto significa que alguien que está luchando con la disforia de género es capaz de ver sus luchas con la disforia desde una perspectiva adecuada. Las luchas son reales, aflictivas y dolorosas; pero no constituyen el aspecto definitorio de quién es esa persona. Su identidad radica en ser un hijo de Dios, que camina hacia su hogar con Él. Sus sentimientos no son una barrera para experimentar gozo.

Dios no promete eliminar esos sentimientos mientras estemos en nuestro cuerpo terrenal, pero el evangelio tiene el poder de ayudarnos a comprender y responder a esos sentimientos con la verdad de la Palabra de Dios. La Biblia no promete explícita ni implícitamente que el Espíritu cambie o disminuya la experiencia de disforia de género de una persona. Dios puede hacerlo; o puede hacer que el deseo de complacerlo a Él sea más fuerte que el deseo de actuar de acuerdo a la propia disforia.

UN (MEJOR) FUTURO PARA NUESTRO CUERPO

En la nueva creación, ya no habrá tristeza o muerte. La corrupción ya no existirá más. El cáncer y los tsunamis que sobrevienen a la humanidad... SE ACABARÁN:

> Vi un cielo nuevo y una tierra nueva; porque el primer cielo y la primera tierra pasaron, y el mar ya no existía más. Y yo Juan vi la santa ciudad, la nueva Jerusalén, descender del cielo, de

Dios, dispuesta como una esposa ataviada para su marido. Y oí una gran voz del cielo que decía: He aquí el tabernáculo de Dios con los hombres, y él morará con ellos; y ellos serán su pueblo, y Dios mismo estará con ellos como su Dios. Enjugará Dios toda lágrima de los ojos de ellos; y ya no habrá muerte, ni habrá más llanto, ni clamor, ni dolor; porque las primeras cosas pasaron (Apocalipsis 21:1-4).

Esta promesa es lo que Evan, con cuya historia comenzamos este capítulo, está buscando. Lo que Evan y todos los transexuales están buscando —y lo que todos los que piensan que pueden ser transgénero y todos los que saben que no lo son están buscando— es una manera de hacer que la percepción de su mente, los deseos de su corazón y la estructura de su cuerpo "armonicen": sientan plenitud, en lugar de disforia. Y eso es exactamente lo que promete el evangelio, no al buscar la transición de un sexo a otro (lo cual es imposible), sino al esperar; no al desfigurar el diseño en rebeldía, sino al vivir fiel y pacientemente, aunque sea doloroso, hasta que algún día llegue la transformación. A diferencia de las transformaciones parciales, frustrantes y, al fin y al cabo, insatisfactorias y conflictivas que ofrece el mundo, esta es una transformación real, alegre, total y satisfactoria. Esto es lo que el cristiano está esperando:

Mas nuestra ciudadanía está en los cielos, de donde también esperamos al Salvador, al Señor Jesucristo; el cual transformará el cuerpo de la humillación nuestra, para que sea semejante al cuerpo de la gloria suya, por el poder con el cual puede también sujetar a sí mismo todas las cosas (Filipenses 3:20-21).

Qué genial es pensar que un día Dios le diga a una persona con disforia de género que esperó fielmente: *Bien hecho. Sé que ha sido muy difícil. Ya se terminó. Te amo tanto que te he traído a un lugar donde lo que sientes que eres y lo que realmente eres está en completa armonía. Ya no habrá más llanto ni dolor en tu vida. Lo que has anhelado —sentirte, verte y ser la misma persona— es una realidad. Sé que ha sido doloroso. Ya no lo será. Bien hecho, fiel seguidor.*

Vivimos en un mundo de Génesis 3 con un diseño de Génesis 1 en la trayectoria hacia un futuro de Apocalipsis 21.

JESÚS ES EL CAMINO

El camino a esa vida en ese mundo es a través de nuestra fe en Jesús, el Hijo de Dios. ¿Por qué? Porque...

> Ahora, pues, ninguna condenación hay para los que están en Cristo Jesús, los que no andan conforme a la carne, sino conforme al Espíritu. Porque la ley del Espíritu de vida en Cristo Jesús me ha librado de la ley del pecado y de la muerte. Porque lo que era imposible para la ley, por cuanto era débil por la carne, Dios, enviando a su Hijo en semejanza de carne de pecado y a causa del pecado, condenó al pecado en la carne; para que la justicia de la ley se cumpliese en nosotros, que no andamos conforme a la carne, sino conforme al Espíritu (Romanos 8:1-4).

El camino a ese mundo fue abierto por Dios "enviando a su Hijo". Él nos hace libres de la condenación, que es la libertad más importante que necesitamos, y la libertad que nos brinda todas las demás libertades (v. 1).

Esta libertad solo se encuentra en Él. No hay libertad, en

esta vida o en la siguiente, para andar "conforme a la carne", es decir, para seguir nuestros sentimientos donde sea que nos lleven. Del mismo modo, no hay libertad para tratar de obedecer el diseño de Dios en nuestras propias fuerzas: nuestra carne es demasiado débil y no puede cambiar por sí misma. La libertad no radica en satisfacer esos sentimientos, pero tampoco proviene del intento de ignorarlos. Se trata de ser sinceros acerca de nuestros sentimientos y de ir a Cristo con ellos para encontrar el perdón, la libertad y la apertura a la confianza de que Jesús es lo suficientemente poderoso como para darnos esperanza en nuestras horas más oscuras y difíciles. Él no apaga los pábilos que humean.

Solo Jesús puede ofrecer este tipo de libertad, porque solo Jesús pudo hacer lo que nosotros no podemos. Vivió la vida perfecta que refleja la imagen de Dios, que nosotros no podemos vivir. Y murió para cargar sobre sí las consecuencias de nuestro pecado: la muerte y la condena que todos merecen por haber decidido negar la bondad de Dios, disputar su derecho a gobernar y destruir su imagen en ellos. Dios puso toda nuestra rebelión, todo nuestro pecado, todo el desorden de la creación en Jesús. El perfecto Hijo de Dios fue tratado como un pecador; nadie experimentó mayor disforia que el perfecto Hijo de Dios cuando lo trataron como un pecador en la cruz. Con ese sufrimiento, nos unió en una relación con el Dios que habíamos rechazado y trajo su Espíritu a nuestras vidas para inspirarnos, fortalecernos y cambiarnos. El Espíritu te ha "librado de la ley del pecado y de la muerte". Esto no significa que nuestras vidas se caracterizan por la total ausencia de pecado, sino que el Espíritu de Dios obra en nuestro corazón para librarnos del poder del pecado sobre nosotros.

La historia de Jesús no terminó con su muerte, sino con

su resurrección; no con sufrimiento, sino con gloria. La resurrección fue el acto de Dios para reivindicar la afirmación de Jesús de ser un Rey; y la resurrección fue la entrada de la nueva creación al presente. Y la nueva creación crece cada vez que alguien acude a Jesús, en fe, para recibir perdón, vida y ayuda.

TRANSFORMACIÓN

Por lo tanto, la respuesta para la persona que lucha con disforia de género es la misma que para la persona que lucha con cualquier otro producto de la caída: hay esperanza, puede haber un cambio y algún día habrá una transformación total.

Y la respuesta para la persona que ha actuado de acuerdo a su disforia de género, que trata de desfigurar el diseño, es la misma que la de la persona que lo ha desfigurado de otra manera (que somos todos nosotros): otro fue el chivo expiatorio, cargó con la condena por esa rebelión y te ofrece libertad.

Permíteme volver a la historia de Evan para terminar este capítulo. La pregunta que la hermana de Evan se planteó en voz alta —la cuestión del contentamiento, la alegría y la propia aceptación en lugar de la desconexión— es una pregunta que afecta a todos los corazones humanos. La cultura que nos rodea responde esas preguntas de un millón de maneras diferentes y contradictorias. Los cristianos tienen una sola respuesta para dar, pero es la única respuesta que cualquier persona necesita y en la que debemos seguir creyendo y sosteniendo: *Jesús vino, murió y resucitó para ofrecerte su Espíritu hoy y para ofrecerte la vida que estás buscando en el futuro.*

El Señor Jesús, y el futuro que Él ofrece, dan sentido a nuestro sufrimiento y al de aquellos que hoy nos rodean; y su Espíritu fortalece a cualquiera, sin importar lo difícil que sea su vida, para luchar con gozo en el presente, con la certeza de que lo que está por venir para la familia de Jesús es lo que más desean experimentar: la gloria y la paz de la perfección:

Pues tengo por cierto que las aflicciones del tiempo presente no son comparables con la gloria venidera que en nosotros ha de manifestarse (Romanos 8:18).

Encontramos en Jesús lo que estamos buscando. La respuesta cristiana no es un mandato restrictivo, sino una historia mejor: una historia que realmente funciona.

8

AMA A TU PRÓJIMO

El amor jamás podría ser un complemento opcional para el cristiano.

Ser cristiano significa amar como Dios nos ha amado:

> Un mandamiento nuevo os doy: Que os améis unos a otros; como yo os he amado, que también os améis unos a otros. En esto conocerán todos que sois mis discípulos, si tuviereis amor los unos con los otros (Juan 13:34-35).

¿Entendiste? Jesús dice que si no amamos a otros, demostramos que realmente no amamos a Dios. Y su famosa parábola del buen samaritano muestra que, por otros, se refiere a todos (Lucas 10:25-37). Mi prójimo incluye a cada uno y a todos.

El apóstol de Jesús, Juan, lo explica muy bien:

> Si alguno dice: Yo amo a Dios, y aborrece a su hermano, es mentiroso. Pues el que no ama a su hermano a quien ha visto, ¿cómo puede amar a Dios a quien no ha visto? (1 Juan 4:20).

Para los seguidores de Cristo, el amor no es solo una actitud añadida a la vida cristiana como una idea pensada a posteriori. El amor no es un aperitivo o un postre; el amor es el plato principal. Un corazón que cultiva el amor por Dios y el amor por otros es el eje central de lo que significa ser cristiano. Jesús dice incluso que el amor que fomentamos en nuestro corazón hacia los demás es un reflejo del amor que tenemos por Dios. No puedes ser cristiano y albergar odio hacia los demás, porque el amor es el fundamento de mandamientos más importantes:

> Jesús le respondió: El primer mandamiento de todos es: Oye, Israel; el Señor nuestro Dios, el Señor uno es. Y amarás al Señor tu Dios con todo tu corazón, y con toda tu alma, y con toda tu mente y con todas tus fuerzas. Este es el principal mandamiento. Y el segundo es semejante: Amarás a tu prójimo como a ti mismo. No hay otro mandamiento mayor que éstos (Marcos 12:29-31).

La centralidad del amor debe ser la base de nuestra interacción con amigos, familiares, vecinos y conciudadanos, incluidos todos aquellos que experimentan disforia de género o que han adoptado una identidad transgénero.

Una respuesta bíblica a los individuos transgénero es verlos como nuestro prójimo; y luego amarlos, porque ellos son nuestro prójimo. Sin embargo, es más fácil decirlo que hacerlo, aunque estemos decididos a dar la espalda a los diferentes tipos de reacciones instintivas y carentes de amor. Desde la Biblia hasta los Beatles, nos dicen que "todo lo que necesitas es amor", pero ¿qué significa en realidad amar a alguien? Es posible que quiera actuar con amor hacia todas las personas, independientemente de su raza, edad, antecedentes o identidad de género, pero ¿cómo puedo hacerlo?

EL AMOR PROMUEVE LA DIGNIDAD

Primero, necesitamos entender quién es nuestro prójimo: son personas hechas a imagen de Dios, como ya hemos visto:

> Y creó Dios al hombre a su imagen, a imagen de Dios lo creó; varón y hembra los creó (Génesis 1:27).

La verdad de que el hombre y la mujer están hechos a imagen de Dios es el fundamento de la dignidad humana: el concepto de que los individuos poseen un valor inviolable, que merece honor y respeto. No hay cláusulas de excepción para esta verdad; no hay forma de que alguien sea un ser humano y no tenga la imagen de Dios, aunque pueda mancharla o arruinarla. Nada de lo que puedan hacer con sus vidas, o hacer a sus vidas, puede erradicar la imagen de Dios. Ninguna autoridad humana puede hacerla desaparecer. Todos los seres humanos poseen la dignidad que Dios les otorga, y la poseen por igual.

Presidentes o campesinos: ambos son exactamente lo mismo a los ojos de Dios. Cristianos o no cristianos, ambos están hechos a imagen de Dios. Gay o heterosexual, ambos poseen la misma dignidad inherente. Una persona confundida acerca de su género y alguien en paz con su género, ambos poseen la misma dignidad.

No entender que esta verdad se aplica a todas las personas por igual es la base de todo tipo de abusos y atrocidades.

- En la Alemania nazi, el hecho de no ver la dignidad absoluta de los judíos derivó en el Holocausto.

- En la fundación de los Estados Unidos, la falla de parte de la mayoría de los blancos en ver la dignidad absoluta de las personas de piel negra condujo a los males del racismo y la esclavitud.

- Durante los últimos cincuenta años, el hecho de no ver la dignidad absoluta de los aún no nacidos ha dado lugar a cincuenta millones de abortos legales solo en los Estados Unidos.

Los mayores crímenes de la historia son el resultado de negar la imagen de Dios en cada hombre y cada mujer.

Una persona transgénero está hecha a imagen de Dios, y eso significa que se les debe respeto y honor como personas, independientemente de si estamos de acuerdo o no con la percepción que tienen de sí mismos.

Ver la dignidad absoluta de un individuo transgénero significa aborrecer o rechazar cualquier humor burlón que los degrade. Significa ponerse de pie y defenderlos contra los agresores o el abuso. La dignidad exige que hablemos en defensa del valor de alguien, incluso cuando no estemos de acuerdo con su forma de vida.

EL AMOR REQUIERE EMPATÍA

Comprender la perspectiva de alguien diferente a ti es absolutamente vital para desarrollar empatía y construir relaciones. La empatía es el requisito previo para poder hablar de manera significativa y autoritaria a la vida de alguien.

Pablo les dice a las iglesias de Galacia:

> Sobrellevad los unos las cargas de los otros, y cumplid así la ley de Cristo (Gálatas 6:2).

Para amar a otros, debemos esforzarnos por empatizar con ellos. Y eso significa tratar de ver la vida desde su perspectiva y ponerse en su lugar:

> No puedes ayudar a sobrellevar una carga a menos que te acerques bastante a la persona cargada... de la misma manera, un cristiano debe escuchar y comprender, y sobrellevar física, emocional y espiritualmente parte de la carga de la otra persona.[20]

Para dar un ejemplo, en un momento de su vida, mi esposa no entendía las dificultades y las preocupaciones de los afroamericanos, lo que la llevó a descartar tales preocupaciones como injustificadas. No es que fuera racista, sino que simplemente no entendía la perspectiva de las personas de esa etnia. No fue hasta que se hizo amiga de una mujer afroamericana de nuestra iglesia que pudo reconocer y entender por qué las personas distintas a ella perciben el mundo de otra manera.

Por lo tanto, debemos preguntarnos: "¿De verdad me he esforzado por comprender la perspectiva y el dolor de alguien que experimenta disforia de género?".

Por eso es crucial leer testimonios de personas que experimentan disforia; esforzarse más, no menos, para hacerte amigo de alguien de tu vecindario que vive una identidad de género diferente a su sexo biológico; y nunca descartarlo porque sus luchas te parecen ajenas o extrañas, o porque no estás de acuerdo con las decisiones que tomó o con la identidad que asumió.

Mostrar empatía no significa aceptar, aprobar o animar a alguien a obedecer el deseo de vivir en contra de su género

---

20. Timothy Keller, *Galatians For You* (The Good Book Company, 2013), p. 168. Publicado en español con el título *Gálatas para ti* por Poiema Publications, 2014.

creado; sino que en lugar de rechazar automáticamente a una persona, te tomas tiempo y te esfuerzas por escucharla y tratar de entenderla.

Habrá personas en nuestras vidas que experimentarán disforia de género. Es inevitable. Estarán en nuestras iglesias, en nuestras familias y en nuestras escuelas. ¿Qué estás haciendo ahora para cultivar un espíritu amigable? ¿Qué harás cuando te encuentres con alguien que admite tener estas luchas? ¿Responderás con la boca abierta? ¿Tu reacción facial alejará a esa persona, o le extenderás una mano o le darás un abrazo de amistad y te asegurarás de hacerle preguntas y escucharla con atención? Cuando conocemos a alguien, nuestros gestos faciales le dicen mucho más sobre cómo nos sentimos realmente que nuestras bellas palabras o nuestros blogs reflexivos.

La Biblia enseña que no solo debemos conocer a las personas, sino que también debemos sobrellevar sus cargas, lo que significa que las luchas de alguien se convierten en nuestras luchas. No puedes amar a tu prójimo si no te identificas con él o ella.

AL AMOR COMUNICA LA VERDAD

[El amor] no se goza de la injusticia, mas se goza de la verdad (1 Corintios 13:6).

Este es quizás el aspecto más delicado de amar a nuestro prójimo transgénero: ¿cómo podemos amar a nuestro prójimo transgénero sin dar a entender que aprobamos a alguien que vive en un género opuesto a su sexo o sin ningún género?

La definición de amor de la Biblia es contraria a la definición del mundo occidental. Según el mundo, amar a alguien significa darle licencia para ir tras lo que cree que le dará felicidad o satisfacción. La Biblia dice que el amor requiere verdad. El amor no es mirar a alguien a los ojos y aprobar cada deseo que experimenta. El amor es mirar a alguien a los ojos y comunicar la verdad de las Escrituras. Debemos hacerlo con cuidado, pero debemos hacerlo. Es muy importante tener en cuenta que lo que para los cristianos es "amoroso", muchas veces no lo será para el mundo. Por lo tanto, nunca deberíamos evaluar si realmente somos amorosos por la respuesta del mundo a nuestro mensaje de amor. El amor y la verdad nunca están determinados por su popularidad; a menudo, lo que es amoroso y verdadero no es muy popular. Cada vez son más los que denominan "discurso de odio" a decir la verdad con amor. Sin embargo, Pablo dice que el amor no puede existir sin la verdad y el amor no puede gozarse de las malas acciones. Si aceptamos la autoridad de la Biblia, debemos entender que afirmar a las personas en un camino que es contrario a lo que las Escrituras enseñan, nunca es amar. Si apruebo el transgenerismo, en realidad estoy haciendo algo sin amor. Estoy ocultando la verdad, porque valoro mi propia reputación, o mis propias amistades, o mis propias comodidades más que la felicidad eterna de la persona hecha a imagen de Dios que está frente a mí.

Al mismo tiempo, decir la verdad no es necesariamente amoroso. Hay una forma de decir la verdad bíblica que es lo contrario a amoroso: decir la verdad motivado por un espíritu de superioridad moral, orgullo, temor o deseo de ganar una discusión. Es amor decir la verdad, pero solo si decimos la verdad en amor:

La blanda respuesta quita la ira; mas la palabra áspera hace subir el furor (Proverbios 15:1).

Sin arrogancia. Sin rechazo. Sin palabras duras. Sin refranes trillados que no tienen en cuenta las experiencias profundamente personales. Sin bromas, incluidas las hechas a espaldas de alguien. Comunicar la verdad y el amor requiere una relación. Si realmente nos importa alguien, debemos decirle la verdad. Tenemos que amar tanto la verdad, que nos interese la verdad más que lo que el mundo piense de nosotros. Tenemos que amar tanto a las personas, que nos preocupemos por sus almas más que por su aprobación. Esto significa que la búsqueda de la verdad y el amor pueden costarnos amistades. La gente rechazó a Jesús por decir la verdad en amor, por lo que deberíamos esperar lo mismo.

EL AMOR PRODUCE COMPASIÓN

Vestíos, pues, como escogidos de Dios, santos y amados, de entrañable misericordia, de benignidad, de humildad, de mansedumbre, de paciencia (Colosenses 3:12).

Si tu experiencia es como la mía, es posible que la primera vez que hayas abordado el debate transgénero haya sido con incredulidad y burla: "¡Ja! Qué absurdo es que las personas piensen que son miembros del sexo opuesto".

Estoy muy, muy arrepentido de haber tenido esa actitud. Una actitud equivocada. Me haría mucho mal que alguien tildara mis sentimientos y mis luchas de "absurdos". Lo siento. Tuve que orar para pedir perdón y compasión.

La tendencia de un cristiano a menudo es alarmarse ante las ideas nuevas, especialmente cuando tales ideas niegan y no apoyan las verdades bíblicas. Sin embargo, mostrar compasión es desechar y declinar deliberadamente cualquier negatividad que tengamos hacia aquellos que piensan, sienten o viven de esa manera, incluso aquellos que experimentan disforia de género o buscan convertirse y vivir conforme al género opuesto al sexo de nacimiento o sin género en absoluto.

Después de todo, proclamamos el nombre del santo, divino e inmaculado Hijo de Dios, que no se rió, ni se burló ni se escandalizó ante la gran gama de pecados humanos que encontró, por primera vez en toda la eternidad, durante su tiempo en la tierra. Trató a aquellos que habían rechazado todos sus planes y deseos para ellos no con temor o desprecio, sino con compasión. No solo eso: si observas la actitud de Jesús hacia los "pecadores", era mucho más desafiante con aquellos que se autodenominaban religiosos, se consideraban justos y menospreciaban a los demás, que con aquellos que deliberadamente habían elegido seguir el camino de la desobediencia. Invitaba compasivamente a estos últimos a volver al Dios que necesitaban, incluso cuando aquellos que lo rodeaban lo instigaban a que los rechazara (lee Lucas 5:29-32 y 7:36-50). En ninguna parte de los Evangelios encontrarás a Jesús que pronuncie un "ay" sobre cualquiera que no fuera el tipo de creyente religioso lleno de orgullo que despreciara a los demás y pensara que sus opiniones y decisiones son absurdas.

Compasión no significa aprobación, pero tampoco significa silencio. La compasión dice: "Lamento mucho que estés experimentando una profunda angustia interna por tu género. No puedo comprender la clase de lucha que experimentas, pero me gustaría escucharte y ayudarte. Lamento cualquier daño o rechazo que hayas recibido de los demás. Quiero que sepas que soy tu amigo y estaré contigo en tus luchas. Quiero que sepas que no estoy de acuerdo contigo, pero nunca te despreciaría. Eres amado".

EL AMOR ES PACIENTE

Compasión es entrar al dolor de otra persona con la confianza de que la bondad y la benevolencia de Dios —no la corrección altiva y arrogante de sus hijos— es lo que lleva al arrepentimiento:

El amor es sufrido, es benigno; el amor no tiene envidia, el amor no es jactancioso, no se envanece (1 Corintios 13:4).

Un creyente que experimenta disforia de género puede que nunca sea libre de su disforia de género, o tal vez sí. El activista transgénero militante que acusa a quienes no están de acuerdo con la ideología protransgénero de ser intolerantes o algo peor, puede que nunca cambie de opinión y se someta al amoroso señorío de Cristo, o tal vez sí.

Esta es la belleza del cristianismo: tenemos un Dios paciente. Con demasiada frecuencia, los hijos de Dios actuamos como si creyéramos que la suficiencia, la superioridad y las proclamas morales irascibles son lo que atrae a las personas al evangelio. En la economía de Dios, la amabilidad, la templanza y la paciencia son sus instrumentos. Dios es rico en "benignidad, paciencia y longanimidad" y su "benignidad te guía al arrepentimiento" (Romanos 2:4).

¿Te das cuenta de lo paciente que Dios fue contigo cuando vivías en rebeldía deliberada contra Él? ¿Te das cuenta de lo paciente que Dios sigue siendo contigo cuando ve que no amas y obedeces a su Hijo todos los días, a pesar de saber quién es Él y qué ha hecho por ti? Nadie debería sorprenderse más que tú por haber nacido de nuevo. Aunque la rebeldía de las personas contra Dios puede diferir en grado, no difiere en tipo. Cualquier rebeldía es suficiente para separarnos de Dios. Y ninguna rebeldía es suficientemente horrenda como para alejarnos de la mano salvadora de Dios. Nadie es más paciente que nuestro Dios; y si Él es paciente, también debemos serlo nosotros. Debemos ser pacientes cuando caminamos junto a aquellos que experimentan angustia por la disforia de género. Debemos ser pacientes cuando nos relacionamos con aquellos que están enojados con las buenas nuevas del evangelio cristiano sobre el diseño de Dios para el género. No estamos aquí para ganar discusiones. Estamos aquí para amar al prójimo.

Es muy, muy importante saber que el propósito del amor, la compasión, la bondad y la paciencia no es simplemente conseguir que la cultura nos escuche, y mucho menos hacernos populares en la cultura. Como cristianos, demostramos estas virtudes no porque sean métodos para ganar popularidad, sino porque la Biblia las elogia por reflejar el carácter de Dios y nos enseña que son agradables a Dios. Nunca podremos estar seguros de que nuestra amabilidad y paciencia harán que la gente escuche el evangelio; pero podemos estar seguros de que nuestra actitud de superioridad moral e impaciencia harán que la gente no quiera escuchar el evangelio.

CARA A CARA

Vivimos en la era de las redes sociales, que es una era que atenta contra el amor al prójimo. Las redes sociales nos permiten seleccionar a nuestros amigos e ignorar a los demás. Los algoritmos de Facebook implican que casi a todos los que escuchamos a través de Facebook ya están de acuerdo con nuestra posición (o están compartiendo un video divertido). Cuando nuestras burbujas seguras de las redes sociales se ven atravesadas por diferentes puntos de vista, suele ser porque algo extremo ha sucedido, y entonces nos asustamos de ver u oír cómo se trata a aquellos que buscan decir la verdad con amor. Quizás lo peor de todo es que podemos sermonear sin necesidad de escuchar o ver el efecto de nuestras reacciones en aquellos de cuyas vidas estamos hablando.

El amor requiere una relación real, una relación cara a cara. Ahí es donde podemos aprender a amar a nuestro prójimo.

No hace mucho tiempo, algunos amigos cristianos y yo estuvimos manteniendo una conversación prolongada y cargada de emociones con miembros de la comunidad LGBTQ. Era una atmósfera tensa. Líderes destacados e influyentes de ambos lados estaban en la sala. Parecía una configuración predispuesta al conflicto y la guerra civil.

La velada comenzó con un compromiso con las reglas básicas, que podrían resumirse en "respeto". Todos se turnaban para expresar por qué estaban en la sala y por qué estaban interesados en cerrar la brecha entre la comunidad cristiana y la comunidad LGBTQ. Mientras todos albergaban alguna esperanza de que los miembros de ambos lados cambiarían de opinión, la mayor esperanza era aliviar algunas de las tensiones que se estaban propagando por los Estados Unidos.

En un momento dado, una mujer transgénero (un hombre biológico que se identifica a sí mismo como mujer) se puso de pie y suplicó, con gran emoción, que lo único que querían era poder ir al baño sin temor a abusos o burlas en el baño que correspondiera a su nueva identidad.

Si bien no nos persuadió el argumento del baño, escuchar la súplica emocional de una persona mientras nos miraba, cara a cara, nos ayudó a todos a entender que la persona que hablaba no era una mala persona. No eran absurdos. No tenían intención de hacer daño. Este era un ser humano hecho a imagen de Dios que pensaba que el diseño de Dios estaba equivocado.

Esta persona no era nuestro enemigo; era una persona a aceptar como amiga, escucharla y entenderla, incluso cuando (especialmente cuando) no estábamos de acuerdo. No hubo pelea esa noche. No hubo insultos. Aunque los concurrentes no estaban de acuerdo, lo hicieron de manera caritativa y sin cuestionar el motivo del otro. Nadie esperaba que un lado estuviera de acuerdo con el otro o viceversa. Esperábamos que se pudiera proceder de forma educada y respetuosa a un diálogo centrado en temas controvertidos. Y así fue.

Aquella noche nadie se fue convencido de que el otro lado tenía razón; pero todos nos fuimos sin sentirnos amargados o enojados el uno con el otro. Hubo diálogo. Y aunque ningún lado cedió en sus convicciones, los aspectos básicos del respeto y el reconocimiento de la dignidad mutua permitieron el desarrollo de la conversación y el entendimiento.

Este es solo un ejemplo de lo que se requiere de cada cristiano. Debemos amar a nuestro prójimo. A todos. Antes de cuestionar a otra persona sobre su vida, debemos cuestionar a la persona que vemos en el espejo con respecto a su amor. Amar no significa sacrificar la verdad en el altar de la popularidad. El amor no requiere sacrificar la convicción. De hecho, el amor exige que no lo hagamos. Sin embargo, el amor sí significa mostrar respeto, empatía, compasión y paciencia hacia todos, por igual e indiscriminadamente con una actitud deliberada, reflexiva y cuidadosa.

En el pasado, no he logrado hacer eso, si no fue en mis pensamientos lo fue en mis palabras y acciones. Muchos de nosotros quizás hemos fallado de esta manera. Necesitamos el perdón de este pecado, y en el evangelio lo tenemos. Si proclamamos el nombre de Cristo, debemos vivir como Él y amar como Él.

9

NO ES UN
CAMINO FÁCIL

¿Cómo sería si alguien experimentara disforia de género y siguiera a Jesús? ¿Cómo sería si alguien que ha tomado hormonas y se ha sometido a una cirugía de transición de género siguiera a Jesús? Sería muy, muy difícil. Y sin embargo, al mismo tiempo, sería experimental y eternamente valioso.

No lucho con disforia de género. Nunca he tenido problemas de este tipo. Por lo tanto, sé que cualquiera que experimente disforia de género y lea este capítulo podría acusarme y decir: "¿Cómo puede Andrew aconsejarme sobre disforia de género y sobre mi vida cuando no tiene idea de qué se siente?". Esta es una buena pregunta, y sería extraño no preguntárselo.

Mi respuesta es que, si bien en un sentido muy, muy real, alguien con disforia experimenta algo radicalmente distinto a cualquier cosa que yo haga, en otro sentido muy, muy real, experimenta algo radicalmente en común conmigo. Conozco los efectos de la corrupción en mi vida. Y sé que la experiencia de lo que me parece bien a mí y lo que Jesús dice que es correcto para mí —de hecho, mis mandatos— a veces se opone total y dolorosamente. Esta es la experiencia de lo que Jesús mismo llamó llevar la cruz.

UNA VIDA QUE ES MÁS DIFÍCIL (PERO NO PARA SIEMPRE)

> Entonces Jesús dijo a sus discípulos: Si alguno quiere venir en pos de mí, niéguese a sí mismo, y tome su cruz, y sígame. Porque todo el que quiera salvar su vida, la perderá; y todo el que pierda su vida por causa de mí, la hallará (Mateo 16:24-25).

Jesús no hubiera sido un vendedor exitoso. Su oferta de estilo de vida para todos nosotros es totalmente contraria al interés personal que motiva gran parte de nuestras decisiones. Por lo general, compramos algo por el placer o la felicidad que trae consigo. Sin embargo, Jesús habla de seguirlo a Él como tomar una cruz, un antiguo símbolo de muerte, desprecio y rechazo.

Tomar la cruz significa negarnos a nosotros mismos, perder todo aquello que haya definido y dirigido nuestra vida antes de conocer a nuestro Hacedor, acudir a Él como nuestro Salvador y comenzar a seguirlo como nuestro Señor. La naturaleza de esa cruz será diferente para cada persona. Podemos decir que el peso de esa cruz será diferente según cada persona y según el momento también. Para algunas personas, la cruz es la soledad de la soltería no deseada. Para otros, es la etapa cuatro del cáncer que devorará sus órganos vitales. Otros pueden experimentar una depresión angustiante que está haciendo de la felicidad una isla lejana. Cada uno de nosotros tiene una cruz. No hay un camino fácil cuando seguimos a Cristo.

Y si estás leyendo esto como un cristiano que no puede identificar su cruz; si para ser franco, tu vida se caracteriza por la comodidad o el compromiso más que por llevar la cruz, entonces tal vez este capítulo debería ser un reto para ti. No se le puede pedir a alguien con disforia de género que se cargue la cruz al hombro si tú no llevas tu propia cruz conscientemente.

Por definición, una cruz no es algo que elegirías llevar por ti mismo. Seguir a Jesús hace la vida más difícil. Como solía decir el pastor escocés del siglo XVII, Samuel Rutherford: "Ningún hombre tiene una cruz de terciopelo". Por lo tanto, cuando se trata de disforia de género, Jesús no promete que venir a Él significa una liberación inmediata de esa experiencia. Le está pidiendo a alguien que esté dispuesto a vivir con esa disforia, quizás durante toda su vida, y de todos modos seguirlo.

¡Puede parecer un argumento de venta poco atractivo! Sin embargo, Jesús dice que es bajo el peso de la cruz que "hallaremos" la vida. No solo tomamos nuestra cruz y la llevamos sin dirección. Llevamos esa cruz mientras seguimos a Jesús hacia la eternidad. Y un día, como vimos en el capítulo siete, la muerte habrá pasado, dejaremos nuestra cruz y disfrutaremos de la eternidad como aquellos que fuimos diseñados. Para el cristiano, la alegría es eterna y la dificultad tiene una fecha de vencimiento.

Entonces, ¿qué significa seguir a Jesús mientras experimentas disforia de género? Significa que tu vida será muy, muy difícil. La vida cristiana es difícil, pero no para siempre.

Y hay más para decir.

UNA VIDA MEJOR (AHORA Y SIEMPRE)

Entonces Pedro dijo: He aquí, nosotros hemos dejado
nuestras posesiones y te hemos seguido. Y él [Jesús]
les dijo: De cierto os digo, que no hay nadie que haya
dejado casa, o padres, o hermanos, o mujer, o hijos,
por el reino de Dios, que no haya de recibir mucho
más en este tiempo, y en el siglo venidero la vida
eterna (Lucas 18:28-30).

Jesús dice que vale la pena tomar nuestra cruz. Jesús afirma que
todo aquel que adopta la vida del costoso discipulado nunca se
arrepentirá. Jesús declara que aquellos que se niegan a sí mismos
y toman su cruz para seguirlo experimentarán, en este tiempo
presente, una vida de abundancia; más que solo luchar; más
que solo salir adelante; más que solo conformarse.

Y esto es parte de lo que creo que Jesús quiso decir: nada en
esta vida es sin propósito y recompensa eterna si se lo entrega-
mos a Jesús, incluso la debilidad y el sufrimiento.

El apóstol Pablo experimentó un gran dolor constante. No
nos revela si fue físico o psicológico, sino que repetidas veces
"suplicó" a Jesús que se lo quitara. Y nos dice lo que Jesús le
respondió:

Bástate mi gracia; porque mi poder se perfecciona en
la debilidad. Por tanto, [dice Pablo] de buena gana me
gloriaré más bien en mis debilidades, para que repose
sobre mí el poder de Cristo. Por lo cual, por amor
a Cristo me gozo en las debilidades, en afrentas, en
necesidades, en persecuciones, en angustias; porque
cuando soy débil, entonces soy fuerte (2 Corintios
12:9-10).

A menudo, en los momentos dolorosos es cuando descubrimos cuán poderoso es Dios; cuán bondadoso es; cuánto puede fortalecernos incluso cuando solo somos débiles.

Hace unos años, mi esposa tuvo un aborto involuntario. Había pasado bastante tiempo por ser un aborto espontáneo del primer trimestre y sucedió después de un período de tiempo de muchas dificultades para quedar embarazada. El dolor que sentí en el momento cuando nos dijeron que no se había detectado ningún latido cardíaco en la ecografía fue desgarrador. Esta fue la primera vez que realmente lloré como adulto, y fue la primera vez que mi esposa y yo lloramos juntos.

Sin embargo, al reflexionar sobre ese momento, lo que siempre recuerdo fue la sensación de calma que tuve cuando clamé a Dios. En ese dolor, nunca me sentí abandonado. De hecho, ocurrió todo lo contrario, en mi dolor, en nuestro dolor, descubrí que la gracia de Dios era más que suficiente.

La bondad de Dios se manifestó en cientos de pequeñas maneras, su gracia se reflejó en mí a través de la gracia que inspiró en otros. Recuerdo que la comunidad de nuestra antigua iglesia recorrió cientos de kilómetros para venir a consolarnos. Recuerdo que nuestra nueva iglesia vino inmediatamente para apoyarnos. Recuerdo que un amigo, con el que no siempre estoy de acuerdo en cuestiones teológicas y políticas, se puso en contacto conmigo y me ofreció la casa de vacaciones de sus padres para que nos tomáramos unos días de descanso si lo necesitábamos.

El dolor es una cruz que soportaré. Nunca lo hubiera elegido, y tampoco se lo hubiera deseado a nadie. Sin embargo, jamás me sentí más cerca de Dios que en ese momento. Nunca experimenté poder, gracia y fortaleza externas a mí —de otro mundo— como en ese momento. Es mejor tomar una cruz y seguir a Jesús si llevarla te acerca al que cargó su propia cruz por ti.

Sé que la historia del sufrimiento de cada uno va a ser diferente. Sé que las circunstancias de lo que causa que las personas sufran van a ser diferentes. Sé que tu lucha puede ser mucho más difícil que la mía; pero lo que sé de la promesa de Jesús y de mi propia experiencia es esto: el sufrimiento y la experiencia de las dificultades, cuando se llevan como una cruz para seguir a Jesús, nunca carecen de propósito y nunca podrán quitarte la esperanza.

Jamás he conocido a alguien que fuera cristiano que no haya encontrado una gran consolación de parte de Dios en medio del sufrimiento. Cada cristiano alegre que he conocido, que ha sufrido, siempre creyó que de alguna manera había crecido después de haber experimentado esa aflicción.

El Dr. Mark Yarhouse ha escrito un excelente libro desde una perspectiva cristiana acerca de cómo comprender la disforia de género. No estoy de acuerdo con todos los consejos y las recomendaciones del Dr. Yarhouse (especialmente sobre cómo lidiar con la experiencia de la disforia de género como seguidor de Jesús); pero gran parte de lo que está en su libro es sumamente útil. Con respecto a la pregunta sobre lo que significa para los que tienen disforia de género experimentar tal sufrimiento, el Dr. Yarhouse lo expresa maravillosamente bien:

> No debería suponerse que una mayor semejanza a Cristo es lo mismo que suprimir la experiencia de disforia de género. Más bien, muchas personas que conocen y aman a Cristo tienen condiciones acuciantes que no se han resuelto como resultado de creer en Cristo como su Salvador. De hecho, tal vez sea en el contexto

de estas condiciones persistentes que Dios produce una mayor semejanza a Cristo.[21]

El libro del Dr. Yarhouse incluye una hermosa cita de Melinda Selmys (una mujer a la que he tenido el privilegio de conocer y con la que he pasado tiempo). Selmys lucha con disforia de género. Vale la pena citar su opinión en su totalidad:

El sufrimiento en el cristianismo no solo no carece de sentido; sino que, al fin y al cabo, es uno de los medios más poderosos que aportan sentido. Podemos estar en adoración entre [sic] la cruz, y arrodillarnos y besar la madera que cargó el cuerpo de nuestro Salvador; porque este es el medio por el cual el horrible sufrimiento sin sentido del mundo que niega la existencia de Dios (el problema del mal) fue transmutado en el agua viva, la sangre de Cristo, el manantial de la Creación. La gran paradoja aquí es que el Árbol de la Muerte y el Sufrimiento es el Árbol de Vida. Esta paradoja central del cristianismo nos permite amar nuestra propia corrupción, porque precisamente a través de nuestra corrupción podemos imaginar el cuerpo quebrantado de nuestro Dios y la máxima expresión del amor divino. Que Dios en algún sentido quiera que así sea, parece evidente en Getsemaní, donde Cristo ora: "Pero no se haga mi voluntad, sino la tuya"; y cuando se hace la voluntad de Dios, implica el azote y los clavos. Siempre me ha parecido especialmente apropiado y hermoso que cuando Cristo resucitó, su cuerpo no volvió a un estado de perfección, como el cuerpo de

---

21. *Understanding Gender Dysphoria*, p. 148.

Adán en el Edén; sino que todavía mostraba las marcas de su sufrimiento y su muerte.[22]

La vida cristiana es una vida que requiere tomar la cruz. La disforia de género es la cruz que algunos están llamados a tomar. Elegir seguir a Cristo y llevar esa cruz hace que la vida sea más difícil, pero no para siempre. Y significa que la vida es mejor, ahora como en la eternidad.

BIEN, PERO ¿CÓMO SERÁ?

Tenemos que volver a las preguntas del comienzo de este capítulo: ¿qué significa el discipulado de llevar la cruz para alguien que sufre disforia de género o que ha adoptado totalmente una identidad transgénero?

Imagina que tu vecina, Alexandra, de la que te has hecho amiga desde que se mudó a tu barrio hace tres años y que no ha asistido a una iglesia desde que era niña, ha estado concurriendo a tu iglesia durante ocho semanas seguidas.

Al principio, Alex (como le gusta que la llamen) parecía sentirse a gusto y disfrutarlo mucho. ¡Tú estabas emocionado! Sin embargo, durante los últimos tres domingos, has notado que después del servicio ella se marchó rápida y visiblemente agitada. Te preocupa, pero no has encontrado el momento oportuno para preguntarle qué le está pasando exactamente.

Al final, un martes por la noche, Alex aparece en tu puerta con los rojos hinchados de tanto llorar.

La invitas a entrar y le preguntas qué le pasa.

En la sobremesa de la cena y el café, ella reúne coraje para decirte: "Quiero arrepentirme de mi pecado y seguir a Jesús".

---

22. Citado en *Understanding Gender Dysphoria*, pp. 59-60.

Lleno de gozo, le sonríes feliz a Alex. Sin embargo, algo parece extraño. Tú estás feliz, ella no.

Sigues hablando un poco más. Está claro que ella conoce el evangelio, y mientras explica quién es Jesús para ella y qué significa ser cristiano, se ve obsesionada con la palabra "arrepentimiento". La repite y tartamudea. Y luego se ahoga en llanto. Con los hombros caídos y un tono de angustia y terror, Alex te atrapa con su historia y te cuenta que nació como "él": Alexander. Desde temprana edad, Alex se sintió como una mujer atrapada en el cuerpo de un hombre. A los diecinueve años, con depresión y agotado por sentirse "diferente", Alex comenzó a "hacer la transición"; al principio, tomó hormonas, después tomó la decisión de cambiar su nombre a "Alexandra" y, finalmente, a los veinticinco años se sometió a una cirugía de reasignación de sexo. A juzgar por todas sus apariencias físicas, su voz e incluso su anatomía, Alex parece una mujer.

Y durante más de veinticinco años, Alex ha vivido como Alexandra. Debido a que se mudó de los suburbios de Chicago a Atlanta, la comunidad de Alex, sus amigos y su empleador la conocen como una mujer.

Después de contarte su historia, Alex te dice, su único amigo cristiano: "Creo que para Jesús lo que hice fue incorrecto. Por primera vez en veinticinco años siento que quizás estaba equivocado. Creo que tal vez Jesús me hizo como Alexander, un 'él'. Y quiero seguir a Jesús, pero tengo miedo de cómo será eso para mí".

Podrías pensar que nunca estarás en esa situación, pero ora para que sí lo estés; porque, como hemos visto, aquellos que están en la condición de Alex solo encontrarán lo que están buscando en el evangelio. El siguiente capítulo se centrará en la respuesta de la iglesia a individuos como Alex; pero por ahora, la pregunta es: ¿cuál debería ser la respuesta de arrepentimiento de Alex y de las personas en esta condición? ¿Cómo será para Alex seguir a Jesús?

- ¿Debe "ella" volver a ser "él"? ¿Debería Alex pedirle a la gente que hable con y sobre Alex como "él"?[23] Y si es así, ¿debe comenzar de inmediato?
- ¿Debe Alex dejar de tomar hormonas?
- ¿Debe Alex someterse a una cirugía para revertir la apariencia de mujer?
- ¿Implica el arrepentimiento que Alex deje de lado la comunidad y sus relaciones?
- ¿Dejará de tener Alex sentimientos de disforia de género?

BLANCO Y NEGRO Y GRIS

Hay respuestas a las preguntas anteriores, pero las soluciones no son simples. Son complejas e incómodas. A veces son de tono gris, no blanco y negro.

Ante todo, como hemos visto, Alex tendrá que estar preparado para negar sus sentimientos y preferencias, incluso su identidad de los últimos veinticinco años, en el aquí y ahora. Seguir a Jesús significará tomar su cruz y confiar en Jesús cuando dice que Alex encontrará la verdadera vida solo en Él y en sus mandatos. Esa promesa no es condicional; de lo contrario, no sería una promesa. El primer paso en el discipulado de Alex es enfrentarse al llamado del discipulado: obedecer a Jesús, incluso cuando vaya en contra de sus fuertes deseos internos.

Con Alex, debemos suplicar de manera paciente, compasiva

---

23. Hablo del uso del pronombre para las personas en la condición de Alex en la página 159.

y amorosa que él vea su biología anatómica de nacimiento como la prueba que Dios le dio de quién es. Es Alexander. Nada de esto promete ser inmediato o fácil. Y en el camino del discipulado probablemente aparecerán obstáculos, y esos tropiezos no indican una falta de fe salvadora más de lo que indican mis propios tropiezos.

Como el teólogo y especialista en ética, Russell Moore, ha escrito sobre alguien en la condición de Alexander, la sinceridad será un tema clave para comenzar la vida como un discípulo:

> Debería presentarse como lo que es, un hombre que Dios creó como tal. Esto significa que debería identificarse como un hombre y debería comenzar a vestirse con ropa masculina. Esto va a ser muy, muy difícil para él, y necesitará que sus pastores y su congregación lo acompañen en todos los obstáculos y deslices que tendrá en el camino.[24]

La manera en que una persona comience a aceptar y a vivir su sexo biológico y el género que Dios le ha dado será diferente para cada persona. Para algunos, puede haber una aceptación instantánea. Para otros, puede ser un proceso largo y doloroso y abarcar tanto valles como montañas. Aceptar la autoridad de Dios sobre nuestra vida es más fácil que aceptar todas las implicaciones de eso en nuestra vida. Lo que importa es la actitud de arrepentimiento: Cristo es el que gobierna, no yo. Las acciones, tarde o temprano, derivarán de eso.

Creo que hay espacio para el debate y el diálogo sobre qué tan pronto se deben esperar acciones como esta. Es arbitrario

---

24. "Joan or John? An Ethical Dilemma", *The Southern Baptist Journal of Theology* 13, no. 2 (verano de 2009), p. 54.

sugerir que alguien en la condición de Alexander necesita volver a su apariencia masculina y su identidad propia desde el primer día. Lo que importa, creo, es si hay esfuerzos intencionales para revertir los efectos de haber asumido una identidad transgénero. Ver a Alex "convertirse" (o, más bien, volver a vivir como) un hombre instantáneamente es menos importante que él mismo se vea instantáneamente como una nueva creación en Cristo. Entonces, en la situación particular de Alexander, esto va a significar, con el tiempo, volver a su nombre original. La terapia hormonal debe comenzar a disminuir hasta el punto de abandonarse totalmente. No obstante, luego está la cuestión de si alguien que ha tenido una cirugía de reasignación de género debe someterse a otra cirugía para revertirlo. Personalmente, no creo que el arrepentimiento lo exija. La verdad es que la primera operación de Alexander nunca cambió realmente su sexo o género, solo alteró quirúrgicamente su apariencia corporal. Incluso mientras se identificaba como Alexandra, seguía siendo un hombre. Como Russell Moore escribe:

> No hay forma de que esta cirugía pueda "revertirse", solo se crea otra ilusión sobre la anterior.[25]

Habiendo dicho eso, no creo que esté mal si Alexander se somete a una cirugía para restaurar lo máximo posible su fisiología masculina original. Creo que es una opción para un discípulo; pero no creo que sea una obligación para un discípulo.

Lo que importa es que, aunque sea difícil, Alexander acepta que el sexo y género que Dios le dio ahora deben dirigir sus decisiones y la forma en que busca verse a sí mismo. A pesar de lo difícil que será, Jesús lo está llamando a confiar en su

---

25. Ibíd.

Espíritu para que pueda hacer frente a su disforia de género, en lugar de buscar otro vestuario, nuevas hormonas o una cirugía invasiva para ayudarlo.

TIENE UN PROPÓSITO

Quizás, al leer este libro, estás en la condición de Alex, porque te has dado cuenta de que Jesús te ofrece todo lo que necesitas para esta vida y la siguiente; pero aceptas lo que eso podría significar para el estilo de vida que has adoptado y las decisiones que has tomado. Quizás eres el amigo de Alex, y te sientes inseguro de qué decir y cómo aconsejar a tu amigo.

No quiero sonar como si no reconociera lo que les estoy diciendo a ti o a tu amigo, y lo difícil que será. No soy ajeno al costo que debes pagar; pero sí quiero decir que Jesús no ofrece una opción de discipulado parcial. Te pide que le des todo, porque Él murió para darte mucho más. Y promete que puede usar tus luchas de identidad de género para mostrarte su amor, poder y fortaleza. Él puede darle todo el propósito.

Me acuerdo de una hermosa parte de una canción de Shane & Shane, "Though You Slay Me", que cita esta parte de un sermón del pastor John Piper:

> No solo es momentánea toda tu aflicción, no solo es leve toda tu aflicción en comparación con la eternidad y la gloria que allí habrá; sino que todo tiene un propósito. Cada milisegundo de tu dolor por tu naturaleza caída o por el hombre caído, cada milisegundo de tu miseria en el camino de la obediencia está produciendo una gloria peculiar que recibirás a cambio... No fue en vano. ¡Es para algo! Tiene un propósito... Te está dando un peso eterno de gloria.

Por lo tanto, no desmayes. Toma estas verdades y concéntrate día a día en ellas. Predícatelas cada mañana. Apártate a solas con Dios y repasa su Palabra en tu mente hasta que tu corazón cante con la certeza de que eres una nueva criatura y que Dios cuida de ti.[26]

Si estás leyendo esto como un cristiano que está luchando con disforia de género, no te rindas. Si estás desesperado, no te rindas. Pídele ayuda a un cristiano en quien confíes. Pídele al Señor, quien cargó una cruz por ti, que te ayude. Tu vida es valiosa, bella y maravillosa. Fuiste hecho por y para Dios. Y un día, ya no tendrás que cargar tu cruz, y estarás con Dios. Escucha esta promesa de Jesús:

> De cierto te digo, que no hay nadie que haya dejado la identidad de género con la que se sintió más cómodo, o la comunidad con la que se identificó o la vida que había esperado y soñado, por el reino de Dios, que no haya de recibir mucho más —una identidad, una comunidad y vida— en este tiempo, y en el siglo venidero la vida eterna.

---

26. http://www.desiringgod.org/articles/a-song-for-the-suffering-with-john-piper.

10

EL RETO QUE
ENFRENTA LA IGLESIA

Una iglesia debería ser el lugar más seguro donde hablar de, estar abiertos y luchar contra la disforia de género.

Eso se debe a que el lugar donde Jesús espera que la gente experimente la verdad de sus promesas es en su comunidad: la iglesia.

> Entonces Pedro comenzó a decirle: He aquí, nosotros lo hemos dejado todo, y te hemos seguido. Respondió Jesús y dijo: De cierto os digo que no hay ninguno que haya dejado casa, o hermanos, o hermanas, o padre, o madre, o mujer, o hijos, o tierras, por causa de mí y del evangelio, que no reciba cien veces más ahora en este tiempo; casas, hermanos, hermanas, madres, hijos, y tierras, con persecuciones; y en el siglo venidero la vida eterna (Marcos 10:28-30).

Pedro dice: "nosotros lo hemos dejado todo". Pedro y los discípulos seguían a Jesús *juntos*. Y ese "nosotros" lo había dejado todo. En respuesta, Jesús promete que ese "nosotros" obtendrá las recompensas de una esperanza eterna, y no solo eso; sino que ahora mismo, cualquiera que haya renunciado a sus esperanzas, relaciones o bienes preciosos por causa de Él, recibirá mucho más por seguirlo. Fundamentalmente, el lugar donde Él prevé que las personas reciban cien veces más en términos de un hogar abierto y una familia amorosa debe ser, y solo puede ser... *la iglesia.*

"Nosotros" es una de las palabras más importantes del vocabulario cristiano para configurar nuestra identidad como cristianos, y a menudo pasamos por alto que ir en pos de Cristo requiere comunión unos con otros. Llevamos nuestra cruz juntos en comunidad, y la comunidad es lo que hace posible llevar la cruz.

Entonces, ¡una persona transgénero debiera sentirse más amada y segura en una iglesia que cree en la Biblia, que en cualquier otro lugar del mundo! Una persona con disforia de género debería sentirse más segura al hablar de su identidad y sus luchas en una iglesia que en cualquier otro lugar, porque en la iglesia recibe amor. La iglesia debe ser el lugar donde las personas sepan que recibirán amor, aunque no estén de acuerdo.

Con demasiada frecuencia, nuestras iglesias han sido cualquier cosa menos ese tipo de lugar, y eso es algo por lo que los cristianos, incluido yo, debemos pedir perdón. Si estás luchando con disforia de género y has encontrado que la iglesia es distante, crítica o dura y que no te ha recibido bien cuando trataste de abrirte, entonces hay un gran problema, y no es tuyo; es de la iglesia. Y lo siento.

En el último capítulo, vimos el llamado de Jesús a las personas. Este capítulo examina el reto de la Biblia para las comunidades de la iglesia que quieren ser como Jesús quiere que sean, y que, por lo tanto, desean aceptar a los miembros disfóricos de género y acercarse al prójimo disfórico y transgénero con amor, decirles la verdad en amor y ofrecerles una esperanza basada en la verdad.

¿Cómo será ese tipo de comunidades de iglesia?

COMUNIDADES COMPASIVAS

Si un político popular de la ciudad y una persona que se identifica como transgénero entraran a tu iglesia, ¿a quién recibirían primero?

¿A quién le agradaría ver más al equipo de bienvenida de la iglesia y hacer todo lo posible para que se sientan como en casa?

¿A quién invitarían para volver el domingo siguiente?

Si tu respuesta sincera es que el político tendría la más alta prioridad y recibiría la más cálida bienvenida, la dura verdad es que la Biblia dice que tu iglesia estaría mostrando una actitud de parcialidad, lo cual es pecado:

Hermanos míos, que vuestra fe en nuestro glorioso Señor Jesucristo sea sin acepción de personas. Porque si en vuestra congregación entra un hombre con anillo de oro y con ropa espléndida, y también entra un pobre con vestido andrajoso, y miráis con agrado al que trae la ropa espléndida y le decís: Siéntate tú aquí en buen lugar; y decís al pobre: Estate tú allí en pie, o siéntate aquí bajo mi estrado; ¿no hacéis distinciones entre vosotros mismos, y venís a ser jueces con malos pensamientos? Hermanos míos amados, oíd: ¿No ha elegido Dios a los pobres de este mundo, para que sean ricos en fe y herederos del reino que ha prometido a los que le aman? (Santiago 2:1-5).

La respuesta de la iglesia a aquellos que se identifican como transgénero, y a quienes luchan con disforia de género pero que no se identifican activamente como transgénero, debería ser, de una manera instantánea y sincera: "Aquí son bienvenidos. Los amamos".

Cristianos: esto requiere que seamos sinceros sobre nuestras propias luchas, fallas y preocupaciones. Con demasiada frecuencia nuestras iglesias dan la impresión de que el Hijo del Hombre vino a buscar y salvar a las personas buenas, no a los perdidos. Nuestras iglesias se apresuran a crear una lista de pecados que son más tolerados y excusables (estos tienden a ser aquellos con los que nosotros luchamos) que otros (que, convenientemente, tienden a ser aquellos con los que otros luchan).

El antídoto para esta actitud es entender que la compasión que necesitamos para los demás comienza con apreciar la compasión que el Señor nos extiende a cada uno de nosotros. Él es nuestro glorioso Señor (Santiago 2:1); sin embargo, llegó con palabras de bienvenida a los que se habían alejado de Él. Él es nuestro glorioso Señor; sin embargo, nos ama y cuida de ti y de mí. Esa es la compasión que debemos estar dispuestos a mostrar a otros... a todos.

COMUNIDADES QUE ESCUCHAN

Por esto, mis amados hermanos, todo hombre sea pronto para oír, tardo para hablar, tardo para airarse (Santiago 1:19).

Los blogs, los sermones y las interacciones después de la iglesia suelen ser lo contrario, particularmente cuando se trata de problemas candentes. ¡Sé que es verdad en cuanto a mí! Nos enojamos, de modo que nos apresuramos a hablar y realmente no queremos escuchar nada.

Muy a menudo, iglesias que están comprometidas con la Biblia como la Palabra de Dios, y que sinceramente quieren amar a los demás como Cristo nos ama, no escuchan. ¿Por qué? Porque sabemos que tenemos nuestra teología perfectamente ajustada y nuestra apologética perfectamente trazada, entonces creemos que solo necesitamos exponer verdades que la cabeza de los feligreses pueda asimilar. Sin embargo, el problema es que Dios nos hizo tanto con cabeza como con corazón: con pensamientos, sentimientos y deseos. De manera que para hablar al corazón de un individuo, también debemos escuchar su corazón.

Personas reales con dificultades reales viven en nuestros vecindarios, se sientan en los edificios de nuestra iglesia y hablan con nosotros después de nuestros servicios. Y la pregunta es: en nuestras iglesias ¿escuchan ellos que se habla de sus problemas con amabilidad y consideración y tratamos de comprenderlos? ¿O alguien que nunca se ha detenido a pensar cómo se sienten se apresura a hablarles de manera despectiva y dura? ¿Alguien que lucha en secreto con disforia de género escucha hablar del tema de una manera que lo invita a abrirse, o le invita a que nunca se arriesgue; de una manera que supone que no hay "personas así" en la iglesia ese domingo, o que reconoce que bien podría haber?

Cuando se trata de la identidad de género, debemos escuchar cómo es tener este tipo de problema. Y tenemos que estar dispuestos a oír verdades duras con respecto a cómo herimos en la iglesia a las personas que tienen problemas de identidad de género, ya sea por falta de consideración, falta de amor o simplemente con las mejores intenciones.

Necesitamos escuchar a la persona que tenemos enfrente, en lugar de suponer que corresponde al estereotipo que tenemos en nuestra cabeza, que quizás esté basado en historias de los medios de comunicación o en los chismes de las redes sociales. Es molesto cuando personas ajenas a la iglesia suponen que todos los cristianos son miembros de grupos extremistas, alimentados de odio, como la Iglesia Bautista de Westboro, y no es menos grosero cuando no escuchamos a alguien porque ya hemos decidido cómo son y qué quieren.

El teólogo y mártir alemán del siglo XX, Dietrich Bonhoeffer, observó correctamente:

> El primer servicio que les debemos a otros en la comunidad consiste en escucharlos. Así como el amor a Dios comienza por oír su Palabra, el amor por nuestros hermanos y hermanas comienza por aprender a escucharlos.[27]

No hay excepciones a esta verdad. Y no hay cristianos que no necesiten contribuir para que el mensaje de la comunidad de su iglesia sea sinceramente: "Ven a la iglesia que te escucharemos".

Si no sabes mucho sobre los problemas de identidad de género y no sabes cómo es luchar con tales problemas, aprende a escuchar. Tómate tiempo para escuchar. Prepárate para aprender. Si alguien dice: "Tú no entiendes", entonces, en lugar de decirle que está equivocado, responde: "Tal vez no". Por favor, cuéntame".

Escuchar nos abre a la posibilidad de enterarnos de que estamos equivocados. Y eso está bien. Es poco probable que el 100% de nuestra teología sea correcta. Es cierto que no tenemos nuestro pensamiento y nuestro comportamiento 100% correctos. La humildad dicta que estemos dispuestos a reconocer que hemos estado equivocados.

---

27. *Life Together* (Fortress Press, 1995), p. 98. Publicado en español con el título *Vida en comunidad*, por Ediciones Sígueme, Salamanca, 2003.

Pablo insta a la iglesia de Éfeso a...

... [andar] como es digno de la vocación con que fuisteis llamados (Efesios 4:1).

¿Cómo sería eso? Interactuar con otros...

... con toda humildad y mansedumbre, soportándoos con paciencia los unos a los otros en amor, solícitos en guardar la unidad del Espíritu en el vínculo de la paz (vv. 2-3).

Según Pablo, andamos como es digno del llamamiento de nuestro Señor cuando vivimos con humildad, mansedumbre y paciencia. Esto significa que no mostrar estas virtudes a nuestros hermanos y hermanas con problemas de disforia es desobedecer a lo que el evangelio nos ha llamado.

Nosotros, en la iglesia local, deberíamos estar dispuestos a aceptar las debilidades, admitir la ignorancia, reconocer la complejidad, luchar con la vida real y cambiar cuando sea necesario. Esto no significa que diluyamos nuestras convicciones (como escribiré a continuación); sino ser una iglesia suficientemente humilde que sepa que mientras en el evangelio encuentra las respuestas para el mayor problema de cada persona (el pecado y la corrupción), hablar bien a vidas reales con problemas muy reales requiere la disposición a escuchar bien antes de hablar con amor.

COMUNIDADES CON CONVICCIÓN

Piensa en otras comunidades con una causa. La causa podría no ser noble —de hecho, podría ser innoble, avivar el racismo, promover la codicia o justificar el sexo casual—; pero si un grupo tiene una causa, sus miembros no carecen de confianza en sus convicciones mientras compiten por la atención y el corazón de las personas.

Qué triste sería para el pueblo de Dios no tener plena confianza en nuestra causa. Qué triste sería si el pueblo de Dios perdiera la convicción de que cultivar una relación con el Dios que se ha revelado en la Biblia es para lo cual cada habitante de este mundo fue creado.

Jesús dice que confiar en Él es comprender la verdad y experimentar libertad:

> Si vosotros permaneciereis en mi palabra, seréis verdaderamente mis discípulos; y conoceréis la verdad, y la verdad os hará libres (Juan 8:31-32).

Debido a que la mitad de este libro trata sobre comprender y lidiar con la verdad de las Escrituras con respecto a la identidad de género, no es necesario que lo repitamos aquí. Sin embargo, necesitamos subrayar que si la comunidad de la iglesia debe ser un rayo de esperanza para aquellos que luchan con la disforia de género, debe estar comprometida con la verdad bíblica. ¿Por qué? No porque sea grato tener la razón, sino porque nos permite ofrecer una palabra de esperanza y reconciliación. ¡Solo podemos ofrecer este mensaje si creemos que el mensaje es verdadero!

Si los cristianos tienen algo que ofrecer en esta época contenciosa, es la verdad, y no debemos rehuir de esa verdad. Sin embargo, del mismo modo, si usamos la verdad como un instrumento punzante para herir a aquellos que se están dando cuenta de lo que significa el discipulado, ¡ay de nosotros! ¡Ay de nosotros si exigimos la conformidad de aquellos que están luchando más de lo que estamos dispuestos a caminar junto a ellos en su lucha!

Solo es amoroso aferrarse a la verdad bíblica si esa verdad está envuelta en amor. Solo estamos firmemente anclados, capaces de crecer y testificar del evangelio sin dejarnos intimidar por todas las ideas y los argumentos de ambos extremos conservadores y progresivos del espectro, si "[hablamos] la verdad con amor" (Efesios 4:15, NTV). Ni el amor ni la verdad son un complemento opcional de nuestro cristianismo.

La mayoría de nosotros, según nuestro carácter en particular, tiende a inclinarse hacia uno u otro: al amor o a la verdad. La lucha es mostrar a qué lado nos doblegamos.

Si tú o tu iglesia tienden a escuchar y amar, pero tergiversan la verdad en el intento de amar, el reto es: aferrarse a la verdad, incluso cuando aman; recuerda que amar a otros no es lo mismo que estar de acuerdo con ellos, y a veces para amarlos será necesario estar en desacuerdo con ellos. Sin embargo, para quienes sienten la tentación de enseñar la verdad sin amor, el reto es: no descuidar el amor. Después de todo, es el amor el que predispone a otros a escuchar la verdad que, en un principio, inspiró ese amor.

COMUNIDADES INCONDICIONALES

Puede que conozcas a Pablo como el hombre que llevó el evangelio a varias ciudades alrededor del Mediterráneo. Sin embargo, el evangelio no fue lo único que estuvo comprometido a ofrecer a aquellos que conoció:

> Antes fuimos tiernos entre vosotros, como la nodriza que cuida con ternura a sus propios hijos. Tan grande es nuestro afecto por vosotros, que hubiéramos querido entregaros no sólo el evangelio de Dios, sino también nuestras propias vidas; porque habéis llegado a sernos muy queridos (1 Tesalonicenses 2:7-8).

131

Si alguien lucha con disforia de género, la vida será difícil si sigue a Cristo, y tendrá altibajos (como vimos en el último capítulo). Necesitamos amarnos unos a otros incondicionalmente en los tiempos difíciles. El amor significa compartir la vida con otros y exponernos al dolor y la angustia. Esto significa aceptar las molestias y las interrupciones que vienen con ser un amigo. Muchos de nosotros queremos ser amigos en abstracto, pero cuando llega el momento de demostrar un compromiso radical con un amigo, preferimos que no nos molesten.

Observa la imagen que evoca Pablo. Su ministerio estuvo caracterizado por una susceptible ternura. Como una madre que cuida a sus hijos y cuyo corazón está dedicado a sus tesoros... así es como los cristianos deben ver a los otros miembros de la iglesia. Ser iglesia significa trabajar duro y dedicar empeño a la misión de ser una comunidad que atraviesa junta las montañas y los valles, incluso con aquellos cuyos problemas no se parecen a los nuestros.

¿Cómo hacemos esto? Tiernamente. La ternura es lo opuesto a la dureza. La ternura es una voz dulce y un brazo en el hombro; no es una dura represión con un dedo que apunta el pecho de alguien. La ternura se niega a juzgar a los demás de manera condenatoria. Podemos saber qué es la ternura por cómo deseamos que los demás nos traten cuando estamos agobiados por una debilidad o aplastados por un pecado (el nuestro o el de otro). No solo debemos ser comunidades que ofrezcan el evangelio, sino comunidades que se ofrezcan a sí mismas.

COMUNIDADES LLENAS DE GRACIA

Es muy fácil pasarlo por alto, pero las cartas de Pablo a las iglesias que ministraba siempre comienzan y terminan, de una manera u otra, con la palabra "gracia". Eso se debe a que la gracia, la asombrosa bondad de Dios, es la primera y la última palabra de la esperanza cristiana, la comunidad cristiana y la vida cristiana.

Las iglesias locales deben mostrar la gracia de Dios todo el tiempo: cumplir con las normas de nuestro Creador, porque sabemos que son para el bien de sus criaturas; pero también celebrar su asombroso perdón y extender nuestro propio perdón.

¿Qué me dice la gracia? Me dice que voy a fallar, y tú también. Que sigo siendo amado, y tú también. La gracia está cuando la necesito en mi arrepentimiento, y está cuando tú la necesitas en el tuyo. La gracia dice que el perdón siempre está disponible, para mí y para ti.

Necesito gracia desesperadamente, y tú también. Todos la necesitamos en cantidades iguales, porque es el oxígeno que respiramos para sostener la vida cristiana.

La gracia dice que no hay nadie fuera del alcance de Dios, incluyéndonos a ti y a mí:

> Porque por gracia sois salvos por medio de la fe; y esto no de vosotros, pues es don de Dios; no por obras, para que nadie se gloríe. Porque somos hechura suya, creados en Cristo Jesús para buenas obras, las cuales Dios preparó de antemano para que anduviésemos en ellas (Efesios 2:8-10).

De principio a fin, la salvación le pertenece a Jesús, y la gracia que primero nos salvó es la gracia que obra en nosotros para hacernos más semejantes a Jesús. La gracia nunca nos permite ser orgullosos, porque nuestra salvación no es por obra propia; pero la gracia también nos previene de la desesperación, porque por gracia somos salvos y estamos siendo transformados.

Si nuestras iglesias deben caracterizarse por una sola cosa, que sea por la gracia, la gracia que siempre acoge, siempre recorre la milla extra, siempre perdona y jamás dice "basta".

SÉ LA IGLESIA QUE TÚ (Y TODO EL MUNDO) NECESITA

El camino de Jesús implica llevar una cruz, pero también ofrece una comunidad compasiva. Qué maravillosamente extraño es considerar que Jesús no nos salva al librarnos de este mundo o de nuestros problemas, sino al darnos la fortaleza para enfrentar esos problemas juntos.

Tu iglesia debe ser un lugar lleno de gracia, un lugar donde todos, sin importar sus antecedentes o sus problemas, encuentren un hogar abierto y una familia; un lugar donde la puerta siempre esté abierta y no sea un puente levadizo; un lugar donde se escuche y se ame a las personas en lugar de que se las catalogue y se las sermonee. Si tú eres miembro de la iglesia —ya sea como un pastor principal, un anciano, un joven adolescente o un nuevo cristiano— estás llamado a servir a tal fin.[28]

Eso hace que sea más difícil y costoso ser parte de tu iglesia. Eso implicará que estés dispuesto a ser confrontado y a cambiar, y resistir la tentación a pensar siempre que los demás son los que están equivocados.

Sin embargo, eso también hace que tu iglesia sea la iglesia que tú y quienes te rodean necesitan, y la iglesia que agrada al Señor, donde se viva con gracia y se hable de gracia.

---

28. Para saber más sobre esta clase de comunidad cristiana, visita harvestusa.org.

11

CÓMO HABLAR
CON LOS HIJOS

"Hoy en la escuela, mientras mi hijo de diez años estaba
en el baño, una niña de su edad entró y usó el baño. Ex-
cepto, dice él, que ella ya no es una niña, ahora se llama
Bruno.
Sé que las controversias en el baño pueden parecer
insignificantes; pero hasta que sea tu hijo el que tenga
que lidiar con el cambio cultural, nunca sabrás lo difícil
que es este tema. Y me cuesta hablarlo. Mi hijo y yo sali-
mos a caminar durante una hora esta noche para hablar
del tema. Nunca pensé que tendría que explicarle a mi
hijo qué es el transgenerismo a tan temprana edad".

E ste fue un intercambio de texto entre un buen amigo cristiano y yo no hace mucho tiempo. Es posible que hayas
tenido una experiencia similar a la de mi amigo. Tal vez has
salido a caminar para hablar sobre este tema con tu hijo. O tal

vez tu experiencia es que tu hija o tu hijo te han dicho que se sienten igual que Bruno.

Y la pregunta es: ¿qué decir en esa caminata de una hora?

MAMÁ Y PAPÁ, ¿PUEDEN EXPLICARME?

Si eres padre, será imposible evitar este tema. No se trata de si tendrás que hablar con tu hijo o tu hija sobre la creciente aceptación del transgenerismo; es una cuestión de cuándo. Cuando eso suceda, ¿qué dirás?

¿Te encogerás de hombros con escepticismo y evitarás el tema por completo, dejando que tu hijo se informe y forme su opinión solo a través del mundo exterior?

¿Responderás con escepticismo y sarcasmo y les dirás a tus hijos: "Esas personas están locas. Necesitan aprender lo que significa ser un hombre o una mujer. Y se les acabará el problema"?

¿Entrarás en pánico, retirarás a tu hijo de la escuela y tratarás de protegerlo de esto y de todo lo que está mal "allá afuera" en el mundo?

¿O te sentarás y tendrás una conversación franca y complicada sobre un tema controvertido que su mente joven puede encontrar muy difícil de entender?

No puedes evitar que, tarde o temprano, tu hijo tenga esta conversación. La pregunta es si tu hijo la tendrá contigo o con otra persona. Si estás tratando de evitar el tema por completo y tu hijo lo sabe, no solo le estás comunicando que no deseas ayudarlo a enfrentar temas controversiales; le estás sugiriendo que los cristianos carecen de la capacidad de dar una respuesta compasiva y equilibrada, y que tu fe no puede manejar la realidad.

La tentación de proteger a nuestros hijos de tales temas es comprensible, pero no aceptable. Una parte de ser sabio como padre es equilibrar el deseo de proteger del mundo a tu hijo con la necesidad de prepararlo para el mundo. Entonces, lo que le digas a tu hijo de ocho años será diferente de lo que le dirás a tu hijo de dieciséis años. De todos modos, vas a tener que decirle algo. Así que esto es lo que yo le diría a un niño de diez años en una caminata de una hora:

- Las personas ven la realidad de diferentes maneras, y los cristianos basamos nuestra visión de la realidad en lo que la Biblia enseña sobre el mundo, porque está escrita por el Dios que nos creó.

- Dios hizo a los hombres y las mujeres igualmente valiosos, pero diferentes. Esta diferencia es maravillosa y buena, y es la que hace que los seres humanos se reproduzcan en cada generación. La raza humana depende de la diferencia sexual. Hablaría de una manera apropiada a la edad, sobre las características únicas de ser un niño y ser una niña.

- También apuntaría a abrir agujeros en los estereotipos culturales sobre el género. Le diría a mi hijo que no a todos los hombres les gusta cazar o mirar fútbol. Algunos disfrutan de cocinar y escribir poesía. No todas las niñas quieren usar vestidos de princesa. Algunas chicas pueden disfrutar de caminar por el bosque en overol. Y eso está bien. No todos los hombres van a actuar como hombres de la misma manera que exige la cultura. No todas las mujeres van a actuar como mujeres de la misma manera que exige la cultura. Y eso está bien. Le señalaría que en nuestra iglesia hay hombres que son fanáticos de los deportes, ¡a diferencia de su papá! ¡Del mismo modo, hay hombres que no saben arreglar un automóvil, como su papá! Y hay mujeres que no disfrutan de cocinar y que dirigen su propio negocio, y hay mujeres que aman cocinar y trabajar en el hogar.

- Aunque Dios hizo un mundo que era bueno en gran manera, el pecado lo arruinó, y el pecado causa corrupción en el mundo y, de maneras muy distintas, en la vida de las personas. Trataría de dejar muy claro que hay una diferencia entre sufrir los efectos de un mundo pecaminoso y el pecado personal en acción; y que todos somos pecadores, incluido él, de diferentes maneras. (Notarás que básicamente estoy llevando a mi hijo en un recorrido por Génesis 1—3).

- No todos comparten la visión bíblica de este mundo. Las personas que rechazan el gobierno justo de Dios no aceptarán las enseñanzas de Dios. A veces, tampoco nosotros tenemos ganas de aceptarlas.

- Algunas personas sienten que nacieron con un género diferente al de su sexo de nacimiento y se sienten enajenadas de su cuerpo. Sentirse así realmente les molesta, y les resulta muy difícil estar en esa condición. No debemos ser malos con ellos, y jamás debemos considerarlos raros o anormales, porque Dios los ha hecho a su imagen. Sin embargo, debemos recordar que Dios los hizo para que sean un hombre o una mujer, con un cuerpo masculino o femenino; por eso, lo que ellos sienten sobre sí mismos no es lo que Dios quiere para ellos. Bruno es una niña, porque Dios la hizo así.

- En un mundo caído, cada ser humano camina en el pecado y la corrupción que no eligió y de los cuales simplemente no puede alejarse. Entonces, cada cristiano a veces tiene que decir "no" a lo que quiere o siente, porque Jesús es su Rey. Ser cristiano significa confiar en Dios incluso cuando parece diferente de lo que nuestras experiencias, percepciones y deseos nos dictan. Ser cristiano también significa amar a quienes nos rodean, incluso cuando —quizás especialmente cuando— no estamos de acuerdo con ellos. Eso es lo que hizo Jesús.

Si tu hijo te hace una pregunta para la que no tienes una respuesta, ten el valor de contestarle: "No sé; pero voy a averiguar un poco qué dice la Biblia al respecto". Ser sincero con tus hijos sobre temas difíciles y hacerles saber que estás comprometido a ayudarlos en lugar de darles una respuesta imparcial, demostrará que realmente los quieres ayudar a saber manejarse en una cultura difícil con cuidado.

Finalmente, busca la manera de seguir hablando del tema. Naturalmente, a medida que tu hijo crezca, querrá seguir con la conversación. A medida que un niño madura y experimenta nuevas etapas de su vida, surgirán preguntas naturales sobre expectativas adecuadas y cómo ese chico se reconoce como hombre o como mujer. Anímalo. No evadas preguntas importantes sobre la identidad sexual y de género solo porque tu hijo preadolescente o adolescente hace preguntas escabrosas y difíciles. Rechaza la tentación de evadir la responsabilidad parental por la torpeza de la pubertad. Es en ese momento cuando tu hijo necesita tu mayor atención, tu confianza y tu afirmación. Tanto en el hogar como en la iglesia, cada uno de nosotros se inclina hacia la "verdad" dura o al "amor" hipócrita, y debemos ser conscientes de este problema en la crianza de nuestros hijos.

Necesitamos orar por y contra cualquier tendencia en particular que nosotros, como padres, podamos tener cuando criamos a nuestros hijos.

Comunícate con confianza, pero no con arrogancia. Comunícate con compasión, no con dureza. Comunícate con sinceridad, no de manera simplista o trivial.

MAMÁ Y PAPÁ, ¿PUEDEN AYUDARME?

"Mamá y papá, sé mucho sobre lo que significa ser transgénero debido a lo que veo en la televisión. Estoy asustada, confundida, y no sé cómo responderán; pero quiero que sepan que durante mucho tiempo me he sentido muy diferente e incómoda con mi cuerpo. Cuando he tratado de descifrar cómo me siento, me siento más como un niño que como una niña. Creo que soy transgénero".

Tal vez ya te haya sucedido esto y es por eso que compraste este libro. O tal vez te suceda algún día y quieres estar preparado de antemano.

¿Qué dirías en ese momento? ¿Cómo reaccionarías?

Es importante. Esos pocos segundos son quizás algunos de los más importantes de la vida de tu hijo y de tu propia vida.

Si tu hijo recibe un abrazo nacido del amor o si recibe una expresión de enojo, puede afectar su futuro y tu futuro como padre de tu hijo. Entonces, lo primero que debes decir es: "Te amo". Soy tu mamá (papá), y te amo, y siempre te voy a amar". Expresa una devoción inquebrantable por tu hijo. Ni por un momento tus hijos deberían cuestionar tu incondicionalidad con ellos.

Segundo, invita a tu hijo a hablar largo y tendido sobre cómo se siente y qué piensa. No lo interrumpas; no trates de procesar sus sentimientos en lugar de él, mucho menos corregir sus pensamientos, solo escúchalo. Solo escúchalo. Tercero, recuerda su edad. Sé que suena extraño, pues la mayoría de nosotros puede recordar la edad de nuestros hijos. Sin embargo, tu respuesta será diferente en función de la etapa de la vida de tu hijo, así como si tu hijo se identifica por completo como transgénero, o está hablando de sus experiencias con la disforia de género, o si se considera como un individuo del sexo opuesto (o ninguno).

Entonces, en el caso de un niño de cuatro años, no deberíamos darle demasiada importancia si un niño pequeño nos dice que le gustaría ser del sexo opuesto. Quizás está probando los límites de lo que es posible para explorar y pensar en el mundo en el que vive (similar a cómo los niños a veces dicen: "Creo que hoy haré de mamá/papá"). Con niños pequeños, no entres en pánico. No te preocupes si un niño quiere jugar con muñecas. ¡Es casi seguro que no significa nada! No entres en pánico si una niña dice que quiere ser un niño. Es probable que solo signifique que quiere hacer las cosas que hacen los niños que ella conoce.

En el caso de un niño de ocho años, entonces, esto puede ser diferente si los sentimientos persisten; pero aquí es importante recordar que, aunque un niño preadolescente realmente sienta que es del sexo opuesto, las estadísticas muestran que la gran mayoría de los chicos superan esos sentimientos.[29] Esta es la razón por la cual el fenómeno de la intervención médica que bloquea las hormonas durante la pubertad de los niños es muy preocupante, porque esas hormonas son un componente elemental del género que corresponde a nuestro sexo. La pubertad casi siempre

---

29. Lawrence S. Mayer, Paul R. McHugh, Resumen Ejecutivo, "Sexualidad y género: Hallazgos de las ciencias biológicas, psicosociales y sociales", *The New Atlantis*, http://www.thenewatlantis.com/publications/executive-summary-sexuality-and-gender.

permite que los niños que sienten algún tipo de disforia de género crezcan, podríamos decir, dentro de su sexo biológico. Para un adolescente, esta conversación va a ser diferente y más difícil. Una cosa que vale la pena decir es que lo que sientes no es necesariamente lo que eres. Esto es totalmente contrario a la sabiduría del mundo occidental, por lo que debes decirlo delicadamente y repetirlo de igual modo. Si tu hijo profesa la fe cristiana, también vale la pena subrayar lo que vimos en el capítulo nueve: que la vida cristiana del discipulado se trata de llevar la cruz, y que este puede ser un aspecto de la cruz que debe llevar por una etapa o por un tiempo más largo. Ora con tu hijo y pídele al Señor que le ayude a resolver sus sentimientos de manera sincera y humilde, sabia y obediente.

Cuarto, comunícate con tu iglesia local y permite que un equipo de pastores sepa lo que está sucediendo en la vida de tu familia. Es absolutamente fundamental que un padre o un hijo no se escondan por temor a la vergüenza de lo que podrían pensar de ellos en su iglesia.

Quinto, evalúa las necesidades de tu hijo emocional y psicológicamente. Debido a que nuestra cultura está tan llena de perspectivas politizadas sobre el tratamiento de alguien que experimenta disforia de género, te aconsejaría buscar un consejero o psicólogo cristiano que sea un experto capacitado en salud mental, pero que también se niegue a adoptar todos los fundamentos ideológicos que vienen con el transgenerismo. Este no es un libro sobre el tratamiento de alguien que experimenta confusión de identidad de género; es muy posible que necesites buscar a un experto cristiano que pueda ayudarte con eso.

Si puedo enfatizar un consejo en particular, es este: deja que tu pastor o los ancianos de la iglesia conozcan tu situación.

Permite que sean los pastores y ancianos que Dios los ha llamado a ser. No temas; rechaza la vergüenza. Corre a los brazos de tu iglesia local.

UN HIJO PERDIDO ES UN HIJO PRÓDIGO

He oído historias sobre jóvenes adultos que son transgénero y hogares cristianos donde los padres les han cerrado las puertas a sus hijos y les han dicho que no son bienvenidos en su casa o en la mesa.

Eso está mal.

Un hijo que rechaza tu fe y se rebela contra su Creador nunca dejará de ser tu hijo. Y es muy poco probable que un hijo rebelde al que rechazas deje de rebelarse.

Permíteme ser más que claro sobre este punto como lo he hecho con cualquier otro punto de este libro: *no hay ninguna justificación para abandonar a un hijo, jamás.* Abandonar a tu hijo, porque él o ella rechazan la enseñanza de tu fe es tan malo como que tu hijo abandone su sexo de nacimiento. Tu llamado a ser padre no depende de si tu hijo está de acuerdo contigo, cree en lo que tú haces o vive como tú.

Hace unos años, recibí una llamada telefónica de un cristiano cuyo hijo se había escapado a una gran ciudad para tener una relación homosexual. El hijo había abandonado su fe cristiana. Obviamente, el padre estaba angustiado. Rápidamente noté que, aunque era obvio que el padre no estaba de acuerdo con la homosexualidad de su hijo, estaba más desconsolado por la ausencia de su hijo. Eso fue muy revelador en ese momento, porque comunicó algo sobre la paternidad: el amor de un padre debe ser duradero. Este padre me explicó que su hijo no aceptaba reunirse con él a menos que se reuniera con él y su novio juntos.

Me preguntó qué debía hacer. Le dije que no veía en las Escrituras ninguna evidencia de que la desobediencia de un hijo rebelde anulara su condición de hijo. Tampoco anulaba la identidad y el rol de este hombre como padre. Le dije que si quería ver a su hijo, que si tenía esperanzas de que su hijo se arrepintiera en el futuro, lo que importaba ahora era expresar amor incondicional por su hijo. Le dije que, si fuera yo, viajaría a la ciudad donde estaba su hijo y me reuniría con él lo antes posible. No le estaba pidiendo que estuviera de acuerdo con su hijo. No le pedí que abandonara la enseñanza bíblica. Le estaba pidiendo que no abandonara a su hijo en sus acciones, al igual que su voz nostálgica de amor mostraba por teléfono que no lo había hecho en su corazón.

Cualquiera que sea el intento puritano de guardar las apariencias que ha infectado al cristianismo con la idea de que la desobediencia de un hijo anula el amor de un padre por el hijo y la relación con ese hijo; esto debe terminar ahora mismo. Si eres un padre que has alejado a tu hijo de tu vida porque se ha identificado como alguien del sexo opuesto, por favor, arrepiéntete. Su pecado no justifica el tuyo. Esto no significa que tu hijo quiera estar en tu casa, pero es absolutamente vital que le dejes en claro que tú sí quieres eso.

Después de todo, todos hemos sido pródigos. Todos hemos sido aquellos que le pidieron a nuestro Padre que nos diera nuestra parte de sus dones, y luego nos fuimos y los usamos sin consideración ni gratitud hacia Él (Lucas 15:13). Y todos los cristianos tenemos un Padre que nos siguió, y sigue, buscando:

Y levantándose [el hijo pródigo, rebelde], vino a su padre. Y cuando aún estaba lejos, lo vio su padre, y fue movido a misericordia, y corrió, y se echó sobre su cuello, y le besó... Pero el padre dijo a sus siervos: Sacad el mejor vestido, y vestidle; y poned un anillo en su mano, y calzado en sus pies. Y traed el becerro gordo y matadlo, y comamos y hagamos fiesta; porque este mi hijo muerto era, y ha revivido; se había perdido, y es hallado. Y comenzaron a regocijarse (Lucas 15:20, 22-24).

Los padres deben ser como este padre: como Dios, que busque, espere y salga corriendo para darle la bienvenida a un hijo distanciado con un abrazo que solo un padre puede dar.

Antes de terminar este capítulo, es vital recordar que en esa misma parábola, que nos recuerda el maravilloso amor paternal de Dios por los hijos descarriados, hay dos hijos. Y solo uno termina la historia dentro de la casa de su padre:

Y su hijo mayor estaba en el campo; y cuando vino, y llegó cerca de la casa, oyó la música y las danzas; y llamando a uno de los criados, le preguntó qué era aquello. Él le dijo: Tu hermano ha venido; y tu padre ha hecho matar el becerro gordo, por haberle recibido bueno y sano. Entonces se enojó, y no quería entrar. Salió por tanto su padre, y le rogaba que entrase. Mas él, respondiendo, dijo al padre: He aquí, tantos años te sirvo, no habiéndote desobedecido jamás, y nunca me has dado ni un cabrito para gozarme con mis amigos. Pero cuando vino este tu hijo, que ha consumido tus bienes con rameras, has hecho matar para él el becerro gordo (Lucas 15:25-30).

Si tú, como yo, somos padres cristianos, debemos recordar que existe un peligro igual y opuesto a cualquier tipo de vida rebelde y es cualquier tipo de vida orgullosamente obediente. El hermano mayor nunca se fue de casa y nunca hizo nada malo, pero realmente no amaba a su padre ni a su hermano. No buscamos criar hijos que hagan lo correcto, obedezcan a Dios y a sus padres, vayan a la iglesia y conozcan las reglas de moralidad bíblica, si eso viene acompañado del orgullo de ser mejores que los demás y el sentimiento de que se merecen la aprobación y la bendición de Dios más que cualquiera que viva bajo una identidad trans. La idea de criar pequeños fariseos, que sostengan su propio juicio de bondad moral y desprecien a los demás, debería afligirnos tanto como la idea de un hijo manifiestamente rebelde. Puede que solo uno esté fuera de nuestro hogar, pero ambos están fuera de su hogar celestial.

En esta parábola, el padre amó, se acercó e invitó a sus dos hijos, y debemos ser como él. Cada vez que hablemos sobre este tema de la identidad de género y cada vez que hablemos sobre cualquier área de la vida con nuestros hijos, busquemos mostrarles, enseñarles y recordarles que son pecadores, que solo pueden ir a su hogar celestial por la gracia de Dios; y pidámosle a Dios que nos ayude a criar hijos que entiendan que el evangelio los llama a obedecer a Dios incluso cuando eso sea doloroso, y que el evangelio solo los llama a obedecer a Dios como respuesta a su amor, no para ganárselo.

12

PREGUNTAS DIFÍCILES

En este capítulo, quiero abordar algunas preguntas que hasta ahora no hemos tratado en otros capítulos, pero que seguramente surgirán.

Las respuestas son intencionalmente breves, por lo que no están destinadas a responder a fondo cada pregunta. Las respuestas que doy son con un espíritu de humildad y unidad, y sé que algunos podrían responder las preguntas de manera un poco diferente a mí. Sin duda, estas respuestas no son la última palabra sobre ninguno de estos asuntos difíciles.

P. *¿Puede alguien ser transgénero y cristiano?*

Las palabras de Pablo en 1 Corintios 6:9-11 ofrecen una forma útil de responder esta pregunta:

> ¿No sabéis que los injustos no heredarán el reino de Dios? No erréis; ni los fornicarios, ni los idólatras, ni los adúlteros, ni los afeminados, ni los que se echan con varones, ni los ladrones, ni los avaros, ni los borrachos, ni los maldicientes, ni los estafadores, heredarán el reino de Dios. Y esto erais algunos; mas ya habéis

sido lavados, ya habéis sido santificados, ya habéis sido justificados en el nombre del Señor Jesús, y por el Espíritu de nuestro Dios.

Las palabras de Pablo muestran que hay estilos y formas de vida que, si el que las practica no se arrepiente, pueden impedir que herede —es decir, tenga un lugar en— el reino de Dios. Vivir como cristiano es aceptar la autoridad de Dios por encima de la nuestra.

Las identidades transgénero caen en esta categoría; como hemos visto en este libro, no son compatibles con seguir a Cristo. La identidad de género de una persona refleja cómo define lo que significa ser un ser humano. Tal autodefinición corresponderá o no con la revelación de Dios en su Palabra. Como hemos visto, Dios ha creado a los seres humanos a su propia imagen como hombre y como mujer. Nuestra identidad, por lo tanto, está definida por Dios en sus propósitos para la creación y en la nueva creación en Cristo. El diseño de la humanidad es adecuado y tiene un propósito, y parte de nuestro diseño es que somos hombres y mujeres. Negar o invalidar esa distinción es invalidar la revelación de Dios tanto en la naturaleza como en las Escrituras. La Biblia lo llama detener con injusticia la verdad (Romanos 1:18).

Eso *no* significa que alguien que lucha con conflictos de identidad de género no sea cristiano. Como hemos visto, todos los cristianos luchan con la vida en este mundo caído de una manera u otra. Permítame subrayar que experimentar disforia de género no significa que no eres cristiano.

Sin embargo, sí significa que el decidido rechazo de los propósitos de Dios para nosotros como hombre o mujer no puede conciliarse con seguir a Cristo. Alguien puede adoptar una identidad transgénero o encontrar su identidad en Cristo, pero no ambas cosas.

Habiendo dicho eso, es posible pecar de muchas maneras por ignorancia, más que a conciencia y premeditadamente. Un nuevo cristiano podría no saber que está llamado a honrar a sus padres o que la lujuria es pecaminosa. La clave es que cuando lea en las Escrituras que la obediencia a Dios implica cambiar en estas áreas de la vida, se esforzará en lograrlo con la ayuda de Dios. Del mismo modo, sería posible identificarse como transgénero y también confiar en Cristo como Señor porque todavía no se ha dado cuenta de las implicaciones del señorío de Cristo en esta área de su vida e identidad. A medida que se dé cuenta, una persona cristiana cambiaría su comportamiento en esta área, con la ayuda de Dios.

P. *¿Deben los padres enviar a sus hijos a una escuela estatal si esa escuela promueve el transgenerismo?*

Los cristianos van a estar en desacuerdo acerca de la conveniencia de enviar a los niños a una escuela estatal o (y cuándo y por qué) sacarlos de allí. Mi propio punto de vista (por razones que van más allá del tema del apoyo al transgenerismo en las escuelas) es que los padres cristianos no deberían enviar a sus hijos a las escuelas del gobierno. El creciente apoyo al transgenerismo dentro de las escuelas públicas es una demostración de cuán problemática puede ser esa educación para el corazón y la mente de los niños pequeños.

Una cosa que me parece particularmente singular acerca del transgenerismo como un "tema político" es cómo se diferencia de otros desacuerdos sobre la sexualidad dentro de la cultura actual.

Por ejemplo, existe un debate a nivel de la escuela pública sobre la educación sexual, cuándo debe enseñarse y de qué manera. Sin embargo, no existe una política que indique a los estudiantes que están equivocados de creer que el sexo antes y fuera del matrimonio es incorrecto. Si bien la ley permite una creencia falsa sobre cómo usar la sexualidad que Dios nos ha dado, no obliga a que todos los estudiantes la acepten. La integración del transgenerismo es totalmente diferente. Está destinada a sofocar el debate. La adopción de la "identidad de género" y el transgenerismo va a requerir la activa eliminación de la perspectiva de que los hombres y las mujeres son intrínsecamente diferentes y complementarios. En otras palabras, la obediencia activa de parte de tu hijo va a ser la expectativa del gobierno.

La política oficial del gobierno sobre el transgenerismo en los Estados Unidos enfrenta un futuro incierto como resultado de las elecciones presidenciales de 2016; pero no debería sorprendernos si, algún día en un futuro no muy lejano, la política oficial del gobierno de los Estados Unidos negara que hay algo único u objetivo sobre nuestro sexo biológico, porque ha sido suplantado por la autoridad de la autodefinición de un individuo. Esta es una afirmación generalizada sobre la naturaleza humana. Para decirlo de otra manera, es una declaración de creencia que no hace ninguna concesión y que llevará al gobierno a tratar de corregir, censurar o silenciar cualquier opinión disidente.

Entonces, por ejemplo, cuando Sara le dice a su maestra que piensa que está mal que Margarita (antes Miguel) esté usando el mismo baño y vestuario que ella, ¿qué debe hacer el maestro sino corregir esta nueva intolerancia? Sara está violando la política del gobierno, y (de acuerdo con la opinión del gobierno) Sara está cometiendo un acto de discriminación al no aceptar a Margarita. Para los activistas, la preocupación y la falta de conformación de Sara es un delito mucho peor que la mera discriminación, porque es la causa de la ansiedad de Margarita. Si bien la educación pública varía de un lugar a otro, el rol cada vez más importante del estado en la educación hace que sea mucho más probable que todas las escuelas adopten políticas transgénero de manera uniforme, lo que afecta incluso a las áreas más conservadoras.

Creo que no es prudente colocar a los niños a una edad temprana en un ambiente donde no tengan la madurez emocional y psicológica para lidiar con todo lo que se les enseña. También es problemático colocar a los niños en un ambiente donde se los trate con hostilidad y como personas de segunda clase debido a sus puntos de vista. Los padres que consideran que la educación en escuelas estatales tiene posibilidades misionales, deberían pensar en la posibilidad de que un niño sea más propenso a sucumbir a la presión de grupo a adaptarse, que lograr tener influencia en una gran cantidad de niños a quienes se les enseñan creencias contrarias al cristianismo.

Al mismo tiempo, los cristianos que escolarizan a sus hijos en el hogar o eligen una educación privada no deben sucumbir a la creencia errónea de que su decisión es un signo de madurez cristiana en contra de otros padres que han tomado una decisión distinta. Tampoco deberían los padres sentirse superiores moralmente por la forma en que educan a sus hijos. Conozco cristianos maduros y piadosos que envían a sus hijos a las escuelas del gobierno, y padres cristianos menos maduros que los escolarizan en el hogar. Ninguno de estos caminos garantiza la fe cristiana o la madurez en los niños.

Un último pensamiento: si tu hijo asiste a una escuela estatal, asegúrate de estar al tanto de lo que allí sucede. Sé proactivo y pregunta a los maestros qué le enseñarán a tu hijo sobre el tema de la identidad humana y la sexualidad, y cuándo y cómo. Averigua sobre las políticas de baños de la escuela. Averigua si tienes derecho a retirar a tu hijo de las lecciones particulares que toquen estos temas. Y piensa, ora y habla con anticipación sobre cuáles son tus "líneas rojas": ¿en qué circunstancias decidirías que criar a tus hijos piadosamente significa retirar a tu(s) hijo(s) de la escuela?

P. *¿Qué deben hacer los ancianos/líderes de la iglesia si un miembro de la congregación solicita que identifiquen a su hijo como un miembro del sexo opuesto (o ninguno de los dos sexos)?*

Cada situación es única porque cada chico es único. Los pastores y/o ancianos deberían reunirse con los padres y escucharlos atenta y humildemente, así como conversar con ellos sobre qué opinión tiene la Biblia del sexo y el género.

Es importante recordar que la misma solicitud podría hacerse con motivaciones muy diferentes. Por ejemplo, un padre podría aceptar las enseñanzas de la Biblia, pero tratar de criar sabiamente a un adolescente que tiene pensamientos suicidas; de modo que su solicitud se basa en el deseo de permitir que su hijo pueda seguir asistiendo a la iglesia sin aumentar su tentación a autolesionarse, a la vez que el padre busca ejemplificar y enseñar normas bíblicas amorosas en el hogar. Ese padre requiere una ayuda muy distinta a la de un padre que quiere ignorar y negar la Palabra de Dios porque cree que eso es lo mejor para su hijo.

No obstante, cualquiera que sea la situación en el hogar, los pastores y ancianos deberían decir que no podrán cumplir con la solicitud de este padre, o pedirle a cualquier otra persona de la iglesia que lo haga, porque va en contra de lo que la Biblia enseña sobre quién es ese niño. Sin embargo, si la situación fuera la primera del párrafo anterior, esta negación debería ir acompañada de empatía, oración y una estructura de apoyo y asesoramiento al padre(s) y (si él/ella está dispuesto) al hijo. Recuerda que cualquiera que sea la motivación del padre, en tal reunión (o reuniones, no pienses que una reunión será suficiente), tu tono importa.

Si el padre se opone a las enseñanzas de la Biblia (en lugar de estar de acuerdo con estas, pero se esfuerza en saber cómo amar mejor a su hijo que sufre) y se niega a cambiar de opinión, yo vería esto como una cuestión de disciplina de la iglesia, porque el padre está viviendo públicamente en rechazo a la Palabra de Dios. Por supuesto, la manera y los medios de la disciplina de la iglesia variarán según cada iglesia.

P. *¿Debería importarme si las personas que son biológicamente del sexo opuesto están en mi baño? ¿Qué pasa si son mis hijos los que están en el baño?*

Cada persona responderá de manera diferente a estos retos, basada en gran medida en su nivel de incomodidad de compartir un baño con alguien del sexo opuesto. Sin embargo, en general, las políticas para los baños separan a hombres y mujeres en función de cuestiones de privacidad. Las personas del mismo sexo biológico tienen la misma anatomía. Compartir el baño con aquellos que son del mismo sexo y que tienen la misma anatomía evita la vergüenza o la vulnerabilidad que proviene de la posibilidad de ver al sexo opuesto en un estado de desnudez. Por el bien de proteger a las mujeres de las agresiones sexuales o por temor a estas, y para evitar que los hombres vean o estén cerca de las mujeres en una situación privada, las políticas para los baños son prudentes en basar el acceso en la distinción sexual biológica.

Cuando se trata de niños, creo que es extremadamente imprudente poner a los niños en una situación en la que puedan estar expuestos a los genitales del sexo opuesto o donde sus propios genitales puedan estar expuestos a un miembro adulto del sexo opuesto. Los padres no deben interpretar que la última oración significa que la exposición de un hijo o una hija a un padre desnudo es igualmente errónea o dañina. Lo que un niño ve dentro de una casa con un miembro de la familia en el curso de la vida familiar normal es un tema aparte de las políticas gubernamentales que hacen que la exposición al sexo opuesto dentro de un baño público sea la norma. Las culturas variarán según el nivel de incomodidad que alguien pueda sentir al ver a un miembro del sexo opuesto al que no conoce desvestirse o usar el baño. Sin embargo, esas variaciones no anulan las preocupaciones de seguridad y privacidad de los padres, que podrían —y deberían sentirse capaces— de protestar enérgicamente ante tal circunstancia.

P. *Si se le solicita a una iglesia que proporcione baños para personas transgénero en sus edificios, ¿debe hacerlo en sumisión a las autoridades o debería negarse a hacerlo?*

A fin de ser compasivo y recibir a la gente, creo que sería apropiado y adecuado designar voluntariamente un baño individual de la iglesia abierto a todos los géneros.

Si el estado exige al menos un baño individual abierto para todos los géneros, creo que depende del liderazgo de la iglesia determinar el alcance de su obediencia.

Sin embargo, si el estado insiste en que los baños de

múltiples ocupantes estén abiertos a todos los géneros como una cuestión de obedecer la ley de aceptación pública, entonces la iglesia debería desobedecer a las autoridades gubernamentales y recusar tal política en los tribunales. La iglesia debe entender que el gobierno no tiene la autoridad o competencia para decretar qué políticas internas de la iglesia deben relacionarse con el acceso a baños dentro del establecimiento, especialmente considerando que la política de acceso a los baños de la iglesia se basará en compromisos previos que la iglesia tiene con la enseñanza bíblica sobre el sexo y el género. Al menos en los Estados Unidos, las iglesias tienen gran autoridad sobre cómo gobiernan sus políticas internas.

P. *¿Es correcto tomar hormonas para controlar la disforia?*

Es probable que haya desacuerdo entre los cristianos sobre este tema, y esta es una respuesta muy breve a una pregunta bastante compleja. Mi propia posición es que cualquier esfuerzo o acción tomada para suprimir la verdad de nuestra biología natural o para revertir nuestra biología natural, va en contra de la Palabra de Dios.

La intención de la terapia hormonal es interrumpir o frustrar el desarrollo natural. Dicha terapia tiene como objetivo contradecir el desarrollo corporal saludable que se basa en la visión de la mente y/o sentimientos de alguien. Las personas que experimentan episodios de disforia de género no están necesariamente destinadas a experimentar tales episodios para siempre. Por lo tanto, es imprudente (y también va en contra de la Palabra de Dios) tomar medidas drásticas e irreversibles para tratar de "corregir" lo que podría haber sido temporal.

El uso de antidepresivos parece una forma mucho más

razonable y menos invasiva de tratar a las personas que experimentan depresión y ansiedad derivadas de la disforia de género.

P. *¿No deberíamos simplemente enfocarnos en los pecados que en verdad están haciendo daño a las personas (asesinato, adulterio, etc.)? El transgenerismo es inofensivo, ¿no es cierto?*

Gran parte de la respuesta depende de cómo definamos "daño". En cierto sentido, identificarse como transgénero no hace "daño" a nadie de la forma en que lo hace el robo o el adulterio.

Sin embargo, "daño" significa mucho más que daño transaccional entre dos personas, porque "daño" es mucho más profundo que lo que se ve en la superficie. Las personas podrían pensar que una acción suya no produce daño aparente, pero a menos que tengan un conocimiento perfecto (que ninguno de nosotros tiene), no pueden saber que no ocasionarán ningún daño.

Es posible lastimarte sin darte cuenta. Un adicto solo en su sótano se está haciendo daño a sí mismo a pesar de que ningún tercero está siendo dañado, y aunque no acepte que se está haciendo daño a sí mismo.

Una persona adicta a la pornografía se está haciendo daño a sí misma ya que cada vez necesita más representaciones gráficas y violentas de actos sexuales para excitarse sexualmente. Además, el uso a largo plazo de la pornografía inhibe la capacidad de las personas adictas al porno de tener relaciones con el sexo opuesto, por lo que también están perjudicando a cualquiera que sea su futuro cónyuge.

El daño relacionado con alguien que se identifica como transgénero tiene que ver con considerar si identificarse de esa manera promueve una salud duradera y lozana. No es correcto ni bueno que los cristianos o las iglesias promuevan o, por medio del silencio, no se opongan a una cosmovisión que socava el buen propósito de Dios de bendecir a las personas de manera individual y en sociedad, lo que deja a las personas fuera del reino de Dios y les dice a las personas que sufren, que la cirugía médica invasiva es el camino a la realización cuando sabemos (estadísticamente y por la Palabra de Dios) que no es así. Es correcto y adecuado que los cristianos y las iglesias promuevan la verdad con amor y delicadeza, muestren a Cristo como el medio para entrar al reino, y señalen el plan creacional de Dios como la manera de vivir bien en este mundo como parte de ese reino.

También vale la pena decir que a menudo adoptar una identidad transgénero hace daño a otras personas. Si lo que más "valoras" es evitar hacer algo que dañe a los demás, vale la pena considerar a los terceros (padres, cónyuges, hijos, hermanos) que son heridos por el rechazo de alguien por su sexo de nacimiento y su educación o sus votos matrimoniales. El argumento que afirma "no hace daño a nadie" a menudo termina por ser simplemente "no hace daño a nadie que esté de acuerdo conmigo", lo cual no es lo mismo.

P. *¿Es cierto que la enseñanza cristiana hace daño porque no aprobar la identidad transgénero de una persona conduce a la depresión y a una mayor tasa de suicidio?*

Los niños y adultos que luchan por llegar a un acuerdo con sus identidades pueden temer al rechazo si sus padres son cristianos o si están rodeados por una comunidad cristiana. No podemos ignorar o negar que hay jóvenes que se suicidan o se lastiman gravemente porque sus padres rígidamente religiosos los han condenado o los han echado de su casa. Tenemos que asegurarnos de que, como individuos e iglesias, seamos acogedores, escuchemos y seamos compasivos (ver capítulos ocho y diez), y reconozcamos que no siempre lo hemos sido.

No obstante, ¿es razonable concluir que las creencias cristianas ponen en peligro a los chicos que experimentan disforia de género (o, para el caso, atracción hacia personas del mismo sexo)? Absolutamente no.

Todo lo contrario. Es un mandato fundamental del cristianismo amar a los demás incondicionalmente. Estamos llamados a amar incluso a aquellos que nos insultan y nos odian. Con la ayuda de Dios amaremos a nuestros hijos, aunque cuestionen nuestros valores. Piensa en la historia del hijo pródigo y su padre lleno de gracia infinita. Si realmente queremos vivir como cristianos, solo podemos entregarnos al amoroso perdón del Padre y extender la misma gracia a otros.

El evangelio cristiano plantea una tercera posibilidad que los padres puedan ofrecer a los hijos que están luchando con su sexualidad: una vida de fidelidad en llevar la cruz y de hallar gozo en la lucha. Aunque el cristianismo nunca promete la liberación completa de las batallas de un individuo con el pecado en esta vida, lo hace libre para que experimente su ser más auténtico, hecho a la imagen de Dios.

Es una acusación cargada de emotividad suponer que el desacuerdo con determinada identidad o sentimiento es la causa del estrés emocional de una persona. Y plantea una importante pregunta a la inversa: ¿es la angustia emocional causada por identificarse como transgénero el resultado de no ser aprobado, o es una característica de las dificultades emocionales y mentales subyacentes que acompañan a la disforia de género, que no se resuelven al adoptar una identidad transgénero?

Tu presuposición acerca de si el transgenerismo es bueno o no tenderá a dictar cómo leerás las estadísticas disponibles. Alguien que afirma o promueve adoptar una identidad transgénero asumirá que la angustia es causada por el rechazo social; alguien que cree que una persona transgénero no está en línea con los buenos propósitos de Dios tenderá a argumentar que la angustia es causada por la disforia y por responder a ella adoptando una identidad transgénero. Desde una perspectiva de la cosmovisión bíblica, parece mucho más probable (aunque impopular decirlo) que la angustia emocional y psicológica proviene de la disforia de género, no de no sentirse aprobado por la propia comunidad. Si creemos que vivir bajo el perfecto gobierno de Dios de acuerdo con la forma en que nos creó para proliferar nos lleva a una mayor realización y plenitud, entonces también debemos creer que sería dañino no hablar de la Palabra de Dios en esta área, por duro que sea hablar de la Palabra y que la gente escuche.

P. ¿Cómo deberíamos pensar sobre los pronombres?

Es muy común escuchar debates sobre el uso de los pronombres. Por ejemplo, ¿debería llamar a un hombre transgénero "él" (como se identifica a sí mismo) o "ella" (ya que biológicamente es mujer)?

Los cristianos no se ponen de acuerdo —esperemos que sea caritativamente— sobre el uso del pronombre.

Algunos piensan que como cortesía personal, deben referirse a una persona transgénero por su pronombre preferido como una forma de ser cortés y con la esperanza de desarrollar una relación en la cual finalmente puedan predicarles la verdad bíblica. Otros piensan que es incorrecto inyectar mayor confusión a la situación de una persona al referirse a ella con un pronombre que no corresponde con su sexo biológico. Algunos cristianos argumentan que al referirse a una persona por su pronombre preferido se fomenta el engaño y la falsa ilusión en la mente de tal persona. Visto de esta manera, llamar a un hombre biológico "ella" es dar falso testimonio.

Mi propia posición es que si una persona transgénero viene a tu iglesia, está bien referirse a ella por su pronombre preferido. Si bien una persona puede actuar con la mejor intención al pensar que debe confrontar el uso del pronombre de una persona inmediatamente después de conocerla o al negarse a cumplir con sus preferencias, esto podría dar lugar a una provocación y confrontación innecesarias. Si, y cuando, esta persona desea una mayor participación o lugar en la iglesia —o si, por ejemplo, un hombre biológico quiere asistir al estudio bíblico para mujeres— un líder de la iglesia tendrá que reunirse con esta persona y hablar sobre cómo se identifica y qué participación y lugar podría tener en la iglesia, incluso (¡pero no limitado a!) con qué pronombre referirse a ella.

La mejor solución es evitar los pronombres por completo si es posible. Llamar a una persona por su nombre legal o nombre preferido es más aceptable, porque los nombres no tienen un género objetivo, sino que cambian de una cultura a otra.

P. ¿Y las personas que nacen intersexuales?

Hay varias preguntas que se incluyen en esta pregunta principal. ¿Las personas intersexuales son realmente diferentes de aquellas que se sienten transgénero o no binarias? ¿Significa la existencia de personas intersexuales que "varón y hembra los creó" no es una afirmación absoluta?

"Intersexual" es un término que describe una variedad de

condiciones que afectan el desarrollo del sistema reproductivo humano. Estos trastornos del desarrollo sexual resultan en una anatomía reproductiva atípica. Algunas personas intersexuales nacen con genitales ambiguos, lo que hace que la determinación del sexo en el nacimiento sea muy difícil.

Muchos relacionan la existencia de personas intersexuales con el transgenerismo. El argumento es el siguiente: algunas personas nacen intersexuales, por lo que su género no está claro a partir de su anatomía; y algunas personas nacen transgénero, por lo que su género tampoco está claro a partir de su anatomía. Además, se argumenta que el intersexual demuestra que el género no es un binario, sino un espectro.

Sin embargo, estas son categorías muy diferentes. Aquellos que se identifican como transgénero no están lidiando con una ambigüedad con respecto a su sexo biológico. El transgenerismo se refiere a la variedad de formas en que algunas personas sienten que su identidad de género no está en armonía con su sexo biológico. Las identidades transgénero se basan en la suposición de que el sexo biológico es sabido y claro, y luego se rechaza. La intervención médica para personas intersexuales tiene como objetivo permitirles vivir el sexo y el género con el que nacieron, pero que no está claro desde un punto de vista físico. La intervención médica para aquellos que se identifican como transgénero tiene como objetivo todo lo contrario: disimular el sexo con el que nacieron.

La intersexualidad y el transgenerismo son manzanas y naranjas. Quienes impulsan la revolución de género tienen interés en confundir las categorías. Sin embargo, las condiciones intersexuales no refutan el binarismo sexual. Esto no anula o invalida la verdad bíblica que afirma "varón y hembra los creó", porque las condiciones intersexuales son una desviación de la norma binaria, no el establecimiento de una nueva norma. Para pensar en lenguaje bíblico, lo que estamos viendo aquí es un aspecto de la creación que se ha visto afectado por la caída: una desviación de una norma que reafirma que, para empezar, existe una norma.

No obstante, un lector crítico puede responder: "¿Cómo puedes decir que es posible desviarse de la norma binaria en el caso de las personas intersexuales, pero no es posible que las personas transgénero difieran legítimamente de esa norma?". La respuesta es que en casos que involucran a personas intersexuales, hay anormalidades corporales, cromosómicas y/o anatómicas que son médicamente diagnosticables y empíricamente verificables. No existe tal paralelismo en el caso del transgenerismo, porque no se ha determinado ninguna conclusión definitiva sobre su causa; tampoco es empíricamente verificable; es una construcción psicológica. Una persona transgénero que se identifica como un miembro del sexo opuesto a su sexo biológico no se convierte en un miembro auténtico del sexo opuesto solo porque se identifique como tal. Si bien la disforia es un fenómeno real, esa realidad no hace posible que alguien sea realmente un miembro del sexo opuesto.

Hay una clara diferencia de categoría entre ser intersexual y ser transgénero. Nacer intersexual a menudo (aunque no siempre) trae su propia cuota de preguntas, problemas y dolor. Los padres de niños que nacen intersexuales necesitan que las iglesias no confundan las decisiones que ellos puedan tomar (o que decidan postergar hasta que su hijo sea mayor) con las decisiones que toman los que se identifican como transgénero. Y esos padres y sus hijos necesitan que aquellos que pretenden impulsar la causa transgénero no intenten ligarlos para servir a esa causa.

13

MANOS ABIERTAS

En el capítulo 2 hice una breve referencia a un detalle particular de la famosa aparición de Caitlyn Jenner en la portada de la revista *Vanity Fair*. Fue la siguiente: no se veían sus manos en la foto. Jenner había posado con sus manos detrás de su espalda. ¿Por qué menciono esto otra vez al final del libro? Porque la ausencia de las manos de Jenner en la foto seguramente fue intencional.

Una publicación en el blog de un fotógrafo se volvió viral después de la publicación de la revista *Vanity Fair*:

> Uno de mis mentores siempre ha dicho que una buena fotografía debería ser independiente del resto, es decir que solo cuente su historia y que el trasfondo del sujeto es irrelevante. Si aceptas esta opinión, lo que veo cuando miro esta imagen es una persona con una mala pose que mira torpemente a la cámara... Estoy confundido: ¿por qué están ocultas sus manos? Los hombros, brazos y piernas muy masculinos me sugieren que esta es una *drag queen*, a pesar de sus senos, el entalle en las caderas y la falta de la nuez de Adán, ya que sé que todo esto se puede lograr a través de Photoshop.

El fotógrafo simplemente no sabía qué hacer con sus manos grandes y masculinas; entonces, le dijo al sujeto que las ocultara.[30]

Mírate las manos ahora mismo. Si eres hombre, es probable que tus manos sean más grandes y gruesas que las de una mujer. Hay una aspereza en las manos de un hombre que las hace más adecuadas para el trabajo físico. Si eres mujer, es muy probable que tus manos sean más pequeñas que las de un hombre. Las manos de una mujer son más delicadas. Los huesos son más pequeños. Los nudillos no sobresalen como los de un hombre. No son tan fuertes ni tan peludas como las manos de un hombre.

¿Por qué terminar este libro hablando de manos? Porque la falta de manos en la portada de la revista *Vanity Fair* —la portada que quizás más ha contribuido en hacer que la transición de género sea predominante y atractiva— nos dice mucho no solo sobre las luchas de Jenner por aceptarse a sí misma, sino sobre la naturaleza misma del debate transgénero.

El hecho es que, en esa sesión de fotos, Jenner hizo todos los esfuerzos posibles para demostrar la feminidad y dio todos los pasos posibles para afirmar el atractivo sexual como una mujer: pestañas, senos y maquillaje facial. Sin embargo, no pudo hacer nada con sus manos. Y eso nos dice algo: nuestra existencia simplemente no puede rehacerse o reformularse sin que quede un remanente de nuestro verdadero ser.

Podemos tratar de alterar el diseño de Dios, pero cómo Él creó el mundo y a cada uno de nosotros aún permanece, incluso cuando vaya en contra de nuestra voluntad brillar a través de ese diseño. Jenner tuvo que esconder sus manos de la

---

30. http://www.stephaniericherphoto.com/blog/2015/6/3/on-caitlyn-jenners-vanity -fair-cover-shot.

cámara, porque sus manos masculinas son un recordatorio de que, independientemente de la percepción que tengamos de nosotros mismos, existen características objetivas de nuestra existencia que dicen la verdad sobre quiénes somos en realidad. Nuestras manos no nos dicen todo sobre quiénes somos; pero nos recuerdan cómo hemos sido creados.

Todos tratamos de ocultar partes de nuestra existencia, ya sean físicas o emocionales. Todos sentimos cierta vergüenza por algunas de las realidades de quiénes somos. Los seres humanos nos hemos estado escondiendo desde el huerto del Edén. Y desde ese momento, también hemos anhelado un sentido de identidad estable y un profundo conocimiento de la aceptación. Todo esto nos lleva a otro par de manos.

> Pero Tomás, uno de los doce, llamado Dídimo, no estaba con ellos cuando Jesús vino [después de haber resucitado]. Le dijeron, pues, los otros discípulos: Al Señor hemos visto. Él les dijo: Si no viere en sus manos la señal de los clavos, y metiere mi dedo en el lugar de los clavos, y metiere mi mano en su costado, no creeré. Ocho días después, estaban otra vez sus discípulos dentro, y con ellos Tomás. Llegó Jesús, estando las puertas cerradas, y se puso en medio y les dijo: Paz a vosotros. Luego dijo a Tomás: Pon aquí tu dedo, y mira mis manos; y acerca tu mano, y métela en mi costado; y no seas incrédulo, sino creyente. Entonces Tomás respondió y le dijo: ¡Señor mío, y Dios mío! (Juan 20:24-28).

Jesús demostró a sus discípulos dudosos que había resucitado al mostrarles sus manos: manos reales y resucitadas, con las cicatrices reales que causaron los clavos.

Las manos de Jesús estaban, y están, marcadas por la cruz, donde cargó la corrupción del mundo sobre sí mismo para redimir a su creación. Sus manos eran, y son, un recordatorio de que Él fue herido para que tú y yo podamos ser restaurados: mente, corazón y cuerpo. Tenemos un Dios con cicatrices, que sabe cómo se siente la corrupción y que nos ofrece un futuro de plenitud real y duradera, más allá de toda la frustración y todo el dolor.

Y Él no escondió sus manos detrás de su espalda.

Se las tendió a Tomás para mostrarle quién era, el Salvador amoroso y sufriente, y para pedirle que viniera a Él y creyera en Él y lo siguiera. Todavía hoy le sigue tendiendo sus manos a la humanidad. Él no tiene nada que esconder, y todo para dar.

El hecho de que Caitlyn Jenner haya ocultado sus manos masculinas nos muestra que el camino para salir de la disforia de género no puede ser la transición de género. El hecho de que Jesús celebrara sus manos con cicatrices muestra que hay una manera de atravesar y salir de todas nuestras luchas y corrupción. Es ir a Él y recibir su perdón, la transformación a través de Él y estar para siempre con Él. Sus palabras en Mateo 11:28 son para nosotros, quienquiera que seamos, donde nos invita a ir a Él y nos hace señas para que lo sigamos:

Venid a mí todos los que estáis trabajados y cargados, y yo os haré descansar.

APÉNDICE

Aquí hay una lista de muchos de los términos que forman parte del lenguaje usado en el debate sobre identidad de género y su significado, cortesía de Joe Carter.[31]

Agénero. Un término para las personas que no se identifican con ningún género ("a" que significa "sin"). A veces se los denomina *sin género, libre de género.*

Androfilia. Un término utilizado para referirse a la atracción sexual hacia los hombres o la masculinidad que puede usarse como una alternativa a una orientación heterosexual u homosexual binaria de género. (Ver también: *ginefilia*).

Bigénero. Una persona que tiene dos identidades o expresiones de género, ya sea al mismo tiempo, en diferentes momentos o en diferentes situaciones sociales. (Ver también: *fluidez de género*).

Binario. Un término para las personas que se asocian con comportamientos típicos masculinos o femeninos. Lo opuesto a no binario o *genderqueer*. (Ver también: *cisgénero*).

Bisexual. Una persona que se siente atraída por dos sexos o

31. Esta lista apareció originalmente en http://www.thegospelcoalition.org/article/from-agender-to-ze-a-glossary-for-the-gender-identity-revolution.

dos géneros, pero no necesariamente de forma simultánea o por igual. Aunque el término solía definirse como una persona atraída por ambos géneros o ambos sexos, eso ha sido reemplazado por el número dos (2) ya que la comunidad LGBTQ cree que no solo hay dos sexos o dos géneros, sino múltiples identidades de género. Dentro de la comunidad LGBTQ, una persona que se siente atraída sexualmente por más de dos sexos biológicos o identidades de género a menudo se conoce como *pansexual* u *omnisexual*.

Butch. Un término usado por la comunidad LGBTQ para referirse a la expresión o identidad de género masculino. Un *butch* no binario es una persona que tiene una identidad de género no binaria y una expresión de género *butch*, o que se declara *butch* como una identidad fuera del género binario. (Ver también: *femme*).

Cisgénero. Un término utilizado para referirse a las personas que tienen una correspondencia entre el género que se les asignó en el momento de nacer, su cuerpo y su identidad personal. Cisgénero se utiliza a menudo dentro de la comunidad LGBTQ para referirse a personas que no son transgénero. (En general, los cristianos deberían evitar usar este término, ya que implica que cisgénero y transgénero son igualmente normativos, es decir, lo opuesto a *heteronormativo*).

Dos espíritus. Un término utilizado por algunos activistas LGBTQ nativos americanos para referirse a personas que poseen cualidades de ambos géneros binarios.

Femme. Un término usado por la comunidad LGBTQ para referirse a la expresión o identidad de género femenino. Una femme no binaria es una persona que posee una identidad de género no binaria y una expresión de género femenina o que reivindica a la mujer como una identidad fuera del género binario. (Ver también: *butch*).

Fluidez de género. Un término utilizado para las personas que prefieren ser flexibles con respecto a su identidad de género. Pueden fluctuar entre sexos (un hombre en un momento, una mujer al siguiente, un tercer sexo más adelante en el día) o expresar múltiples identidades de género al mismo tiempo.

Gay. Hasta mediados del siglo XX, el término "gay" se usó originalmente (en inglés) para referirse a los sentimientos de ser o estar "despreocupado", "feliz" o "llamativo y vistoso", aunque también se sumó, a fines del siglo XVII, el significado "adicto a los placeres y disipaciones", con lo cual se implicaba que una persona no estaba inhibida por restricciones morales. En la década de 1960, el término comenzó a utilizarse en referencia a personas atraídas por miembros del mismo sexo, que a menudo consideraban que el término "homosexual" era demasiado clínico o crítico. Actualmente, el término "gay" se usa para referirse a hombres atraídos por individuos que se identifican como hombres, aunque también se usa coloquialmente como un término general para incluir a todas las personas LGBTQ. (La Alianza de *Gays* y Lesbianas contra la Difamación considera que el término "homosexual" es ofensivo y recomienda que los periodistas usen el término "gay").

Genderqueer. Un término general para las identidades de género que no son exclusivamente masculinas o femeninas. A veces se lo denomina *no binario, expansivo de género, pangénero, poligénero*. (Ver también: *bigénero, trigénero*).

Ginefilia. Un término que se utiliza para referirse a la atracción sexual hacia las mujeres o la feminidad, que puede usarse como una alternativa a una orientación homosexual o heterosexual binaria de género. (Ver también: *androfilia*).

Heteronormativo. Popularizado a principios de la década de 1990 en la teoría *queer*, el término se refiere a las normas de estilo de vida por medio de las cuales las personas caen en géneros distintos y complementarios (hombre y mujer) basados en la biología, con roles naturales en la vida, que pueden o no estar socialmente construidos. La heteronormatividad supone que el comportamiento heterosexual es la norma para las prácticas sexuales y que las relaciones sexuales y maritales solo son adecuadas entre un hombre y una mujer. (La cosmovisión cristiana es heteronormativa. La Biblia presenta claramente el género y el sexo heterosexual dentro de los límites del matrimonio como parte de la bondad del orden que Dios creó).

Hombre/mujer. En el lenguaje LGBTQ, términos que hacen referencia a la identidad de género elegida de una persona, independientemente de sus características biológicas.

Hombre trans. Una persona transgénero que nació como mujer pero que reivindica la identidad de género de un hombre (es decir, una mujer biológica que se identifica como un hombre).

Identidad de género. Un término utilizado para referirse al sentido de identidad personal de un individuo como masculino o femenino, o una combinación de cada uno. La comunidad LGBTQ y sus aliados consideran que el género es una característica que sigue una gama y no está intrínsecamente arraigada en la biología o las expresiones físicas.

Intergénero. Un término para las personas con una identidad de género intermedia entre los géneros binarios de mujer y hombre, y que puede ser una combinación de ambos.

Intersexual. Un término general para una variedad de condiciones físicas en las que una persona nace con una anatomía reproductiva o sexual que no parece ajustarse a las definiciones típicas de hombre o mujer. Las variaciones en las características sexuales pueden incluir cromosomas, gónadas o genitales que no permiten que un individuo se identifique claramente como hombre o mujer. La intersexualidad es una condición física, mientras que la transgénero es una condición psicológica. La gran mayoría de las personas con condiciones intersexuales se identifican como hombres o mujeres en lugar de transgénero o transexual. (El término "hermafrodita" ahora se considera obsoleto, inexacto y ofensivo como referencia a las personas que son intersexuales).

Lesbiana. El término más utilizado en el idioma español para describir la atracción sexual y romántica entre las personas que se identifican como mujeres. La palabra deriva del nombre de la isla griega de Lesbos, hogar de Safo (siglo VI a.C.), una poetisa que proclamó su amor por las muchachas. El término "gay y lesbiana" se hizo más popular en la década de 1970 como una forma de reconocer las dos amplias comunidades político-sexuales que formaban parte del movimiento de liberación gay.

LGBTQ. Una inicialización que colectivamente se refiere a las comunidades lesbianas, *gays*, bisexuales, transgénero y *queer*. En uso desde la década de 1990, el término es una adaptación de las iniciales LGB, que a su vez empezó a reemplazar la frase "comunidad gay" que comenzó a mediados y finales de la década de 1980. Las iniciales se han generalizado como una denominación propia y ha sido adoptada por la mayoría de los centros comunitarios y medios de comunicación basados en la identidad sexual y la sexualidad en los Estados Unidos. A las iniciales LGBTQ a veces se agregan otras letras. Otras variantes incluyen: una "Q" adicional para "cuestionar" (*questioning* en inglés); "U" para "inseguro" (*unsure* en inglés); "C" para "curioso"; una "I" para "intersexual"; otra "T" para "transexual" o "travesti"; otra "T", "TS" o "2" para personas de "dos espíritus" (*two spirit* en inglés); una "A" o "SA" para "aliados heterosexuales" (*straight allies* en inglés); o una "A" para "asexual"; "P" para "pansexual" o "poliamoroso"; "H" para "afectado por el VIH"; y "O" para "otro".

Mujer trans. Una persona transgénero que nació como hombre pero que reivindica la identidad de género de una mujer (es decir, un hombre biológico que se identifica como mujer).

No binario. Ver *genderqueer*.

Queer. Un término genérico para minorías sexuales y de género que no son heterosexuales, heteronormativas o de género binario. El término sigue siendo controvertido, incluso dentro de la comunidad LGBTQ, porque una vez fue utilizado como una difamación contra los homosexuales hasta que fue reapropiado en la década de 1990. El rango de lo que incluye "*queer*" varía, aunque además de referirse a personas identificadas como LGBT, también puede abarcar a personas *pansexuales, pomosexuales, intersexuales, genderqueers, asexuales* y *autosexuales*, e incluso heterosexuales normativos de género cuya orientación o actividad sexual los ubica fuera de la corriente principal definida heterosexual, por ejemplo: practicantes de BDSM o personas poliamorosas. (En la academia, el término *"queer"* y su uso verbal, *"queering"*, indican el estudio de la literatura, los campos académicos y otras áreas sociales y culturales desde una perspectiva no heteronormativa).

Sexo. El término se utilizó anteriormente para distinguir entre la identificación física asignada al nacer (por ejemplo, masculino, femenino o intersexual). Ahora los grupos LGBTQ y sus aliados lo utilizan como sinónimo de una identidad de género elegida por ellos mismos.

Tercer género. Un concepto mediante el cual los individuos no se categorizan a sí mismos, o por la sociedad, ni como hombre ni como mujer (aunque no necesariamente intersexual). Algunas veces también se llama "tercer sexo" u "otro género". (Ver también: *queer*).

Transgenerismo. Un término genérico para el estado o la condición de identificar o expresar una identidad de género que no coincide con el sexo físico/genético de una persona. Transgénero es independiente de la orientación sexual, y aquellos que se identifican a sí mismos como transgénero pueden considerarse *heterosexuales, homosexuales, bisexuales, pansexuales, polisexuales* o *asexuales*. Aproximadamente setecientas mil personas en los Estados Unidos se identifican como transgénero.

Transexual. Un término más estricto, que se utiliza para referirse a las personas que se identifican como lo opuesto a su designación de género de nacimiento, independientemente de si se han sometido o tienen la intención de someterse a terapia de reemplazo hormonal y/o cirugía de reasignación de sexo.

Travesti. Una persona que se viste de manera invertida o usa ropa del sexo opuesto, aunque es posible que no se identifique con el sexo opuesto o no lo quiera ser. (Todos los transexuales son transgénero, pero los travestis no necesariamente pertenecen a ninguna de las otras categorías).

Trigénero. Un término para referirse a una identidad de género no binaria (es decir, *genderqueer*) en la que uno se desplaza entre los comportamientos de tres géneros. Estos géneros pueden incluir masculino, femenino y de tercer género (por ejemplo, *agénero, sin género, poligénero,* etc.).

Ze. Un pronombre neutro de género utilizado para reemplazar a él / ella. (A veces se escribe como *Xe*).

RECONOCIMIENTOS

Una de las grandes evidencias de la gracia en mi vida son los amigos que Dios me ha dado. Han sido más que una bendición para mí a lo largo de la escritura de este libro.

A Andrew Wolgemuth, mi agente literario, le debo un enorme agradecimiento por ayudarme a manejar áreas de publicación que son ajenas para mí.

Varias personas leyeron partes del manuscrito y me hicieron comentarios útiles: Lindsay Swartz, Dan Darling, Matthew Arbo y Catherine Parks. Mentores como Denny Burk me dieron opiniones que me sirvieron a lo largo del camino. Hubo numerosas ocasiones durante la escritura de este libro cuando le comenté mi pensamiento sobre un tema y él me retó a profundizarlo aún más. Phillip Bethancourt, que a la vez es mi jefe y uno de los mejores amigos que un hombre podría pedir, me brindó aliento durante el proyecto y me dio una gran libertad en mi horario para escribir. También debo reconocer a Russell Moore, porque varios conceptos expresados en este libro son un reflejo de su influencia en mi forma de pensar como resultado de mi trabajo junto a él desde 2013 y de conocerlo como amigo desde 2008.

También tengo que agradecer a mi amiga y compañera de la iglesia, Trillia Newbell. Ella mencionó mi nombre a la editorial, y el resto es historia. Le dije a Trillia que su ayuda en compaginar mi editorial, *The Good Book Company*, con un joven especialista en ética cristiana, interesado en temas transgénero, fue una respuesta a una oración que mi familia había estado haciendo. David Closson me ayudó con la investigación. David es un pensador sagaz para su edad, y eso solo se complementa con su afán de servir.

Mi experiencia de trabajo con *The Good Book Company* ha sido excelente. Carl Laferton es un editor brillante y fastidiosamente eficaz para interpretar al "abogado del diablo". Bromas aparte, la opinión editorial de Carl fue inmensamente útil, y su prosa simple y elocuente ayudó a brindar concisión y elegancia a alguien propenso a la verbosidad académica. Brad Byrd, el director norteamericano en TGBC, también fue una voz útil a lo largo de la planificación y la ejecución de este libro. A mi compatriota de Illinois central, gracias por ser una voz sabia, que busca expandir un tema importante para la iglesia.

Finalmente, debo agradecer a mi esposa, Christian, y a nuestras dos hijas, Caroline y Catherine. Christian sobrellevó este proyecto junto a mí, ya que las mañanas tempranas de trabajo en este libro y en mi doctorado me requirieron ir a dormir muchas noches más temprano que de costumbre. Ella y mi familia son una fuente de alegría sin límites para mí.